Discovery
EDUCATION

맛있는 과학

디스커버리 에듀케이션
맛있는 과학-23 인체

1판 1쇄 발행 | 2012. 3. 9.
1판 5쇄 발행 | 2018. 3. 11.

발행처 김영사
발행인 고세규
등록번호 제 406-2003-036호
등록일자 1979. 5. 17.
주 소 경기도 파주시 문발로 197(우10881)
전 화 마케팅부 031-955-3102 편집부 031-955-3113~20
팩 스 031-955-3111

값은 표지에 있습니다.
ISBN 978-89-349-5472-9 64400
ISBN 978-89-349-5254-1 (세트)

좋은 독자가 좋은 책을 만듭니다. 김영사는 독자 여러분의 의견에 항상 귀 기울이고 있습니다.
독자의견전화 031-955-3139 | 전자우편 book@gimmyoung.com | 홈페이지 www.gimmyoungjr.com
어린이들의 책놀이터 cafe.naver.com/gimmyoungjr | 드림365 cafe.naver.com/dreem365

최고의 어린이 과학 콘텐츠

디스커버리 에듀케이션 정식 계약판!

Discovery EDUCATION

맛있는 과학

23 | 인체

민주영 글 | 김준연 그림 | 류지윤 외 감수

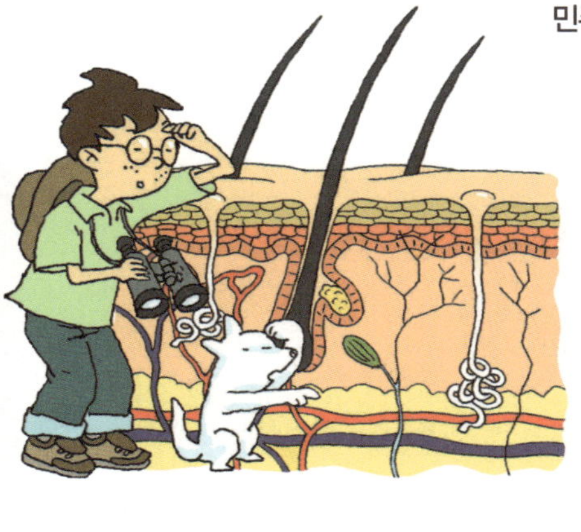

주니어김영사

차례

1. 영양소와 소화

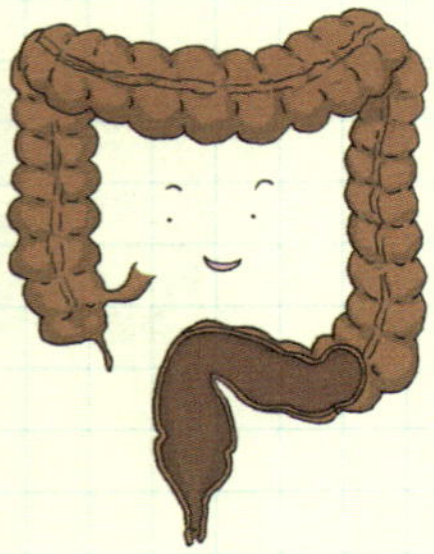

2. 배설

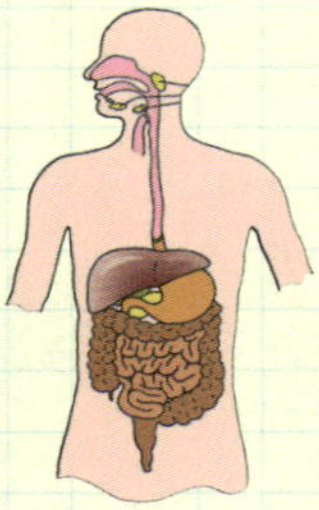

3. 호흡

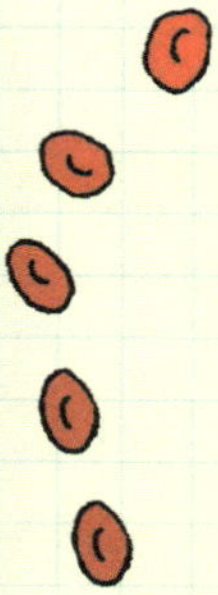

4. 순환

5. 감각 기관

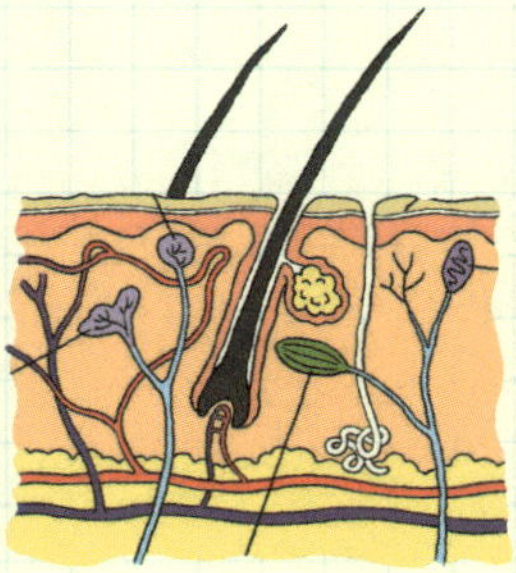

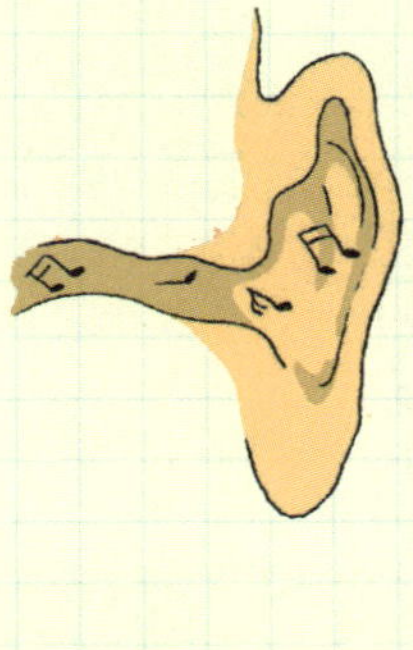

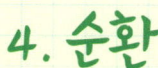

관련 교과

초등 5학년 2학기 1. 환경과 생물 8. 에너지
중학교 1학년 3. 상태 변화와 에너지
중학교 2학년 4. 소화와 순환

1. 영양소와 소화

우리가 많은 시간을 보내는 학교 건물과 시설은 어떻게 유지될까요? 겨울에는 학교를 따뜻하게 해 주는 난방 시설이 있고, 여름에는 학교를 시원하게 해 주는 냉방 시설이 있습니다. 더러운 물을 버리고 깨끗한 물을 들여오는 수도 시설도 있고요. 이런 시스템이 학교 건물과 시설을 유지해 주듯이 사람의 신체를 유지해 주는 시스템도 있습니다.

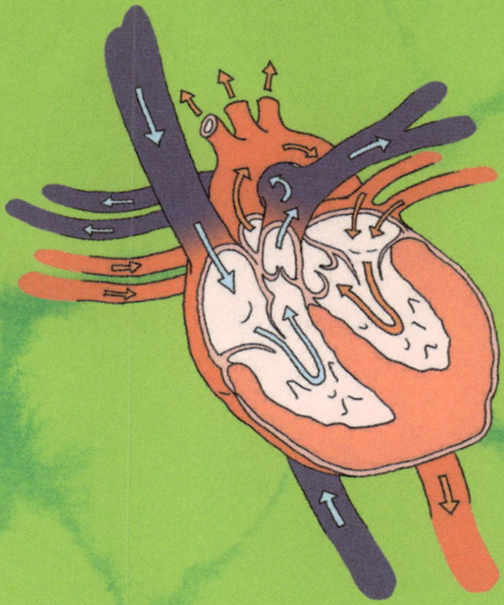

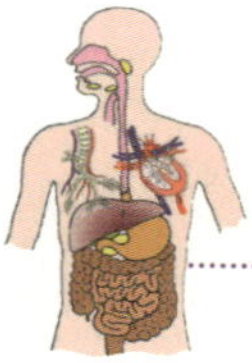

먹어야 힘이 나요

에너지를 주는 영양소

수박, 갈비, 냉면, 포도, 사탕, 초콜릿 중에 여러분은 무엇을 가장 좋아하나요? 사람은 환경과 상황에 따라 먹는 양이 달라집니다. 먹는 양을 조절하지 못하면 너무 마르거나 비만이 되기도 해요.

사람이 평생 먹는 음식의 양은 얼마나 될까요? 1년에 사람이 수백kg 이상의 음식을 먹는다는 사실을 알고 있나요? 우리의 신체는 이렇게 많은 음

사람은 1년에 수백kg의 음식을 먹는다.

식으로 무엇을 할까요?

사람의 몸은 음식에서 영양분을 얻고, 이 영양분의 일부에서 활동에 필요한 에너지를 얻습니다. 걷고, 이야기하고, 자고, 재채기하고, 강아지와 놀 때에도 에너지가 필요해요. 또한 사람의 신체 안에서 활발히 작동하는 기관에서도 에너지를 사용합니다. 심장이 뛰고 뇌가 생각할 때에도 당연히 에너지가 필요하겠지요. 가만히 앉아서 열심히 공부만 하는데도 배가 많이 고팠던 경험이 있나요? 그것은 바로 신체 안에서 각 기관들이 에너지를 사용하기 때문이에요. 두뇌가 많이 회전해서 나타나는 현상이지요. 이런 모든 이유 때문에 우리는 음식을 맛있게 먹습니다.

그런데 에너지를 낼 수 있게 해 주는 음식은 따로 있습니다. 동네 슈퍼마켓에서 과자를 살 때 봉지에 칼로리가 표시되어 있는 것을 본 적이 있을 거예요. 그 과자를 먹었을 때 얼마만큼의 에너지를 얻을 수 있는지 나타내 주는 표시입니다. 에너지를 주는 영양소는 탄수화물, 단백질, 지방입니다. 한국 사람은 특히 탄수화물을 많이 섭취해요. 매일 먹는 밥과 여러분이 좋아하는 빵, 과자, 라면이 모두 탄수화물에 속합니다.

탄수화물, 단백질, 지방을 구별하는 방법

우리 주위에는 수많은 음식이 있습니다. 그 음식들에 어떤 영양소가 들어 있는지 확인할 수 있는 방법이 없을까요? 이 궁금증은 생각보다 간단히

■ 영양소를 구별해 주는 시약

구분	탄수화물		단백질	지방
	녹말	포도당		
검출 시약	**요오드-요오드화칼륨**	**베네딕트 용액**	**뷰렛 용액**	**수단Ⅲ 용액**
반응 결과	청람색	황적색	보라색	선홍색

해결됩니다. 몇 가지 시약을 떨어뜨려 보면 되거든요.

식빵이나 감자에는 요오드-요오드화칼륨 용액을 떨어뜨려 보세요. 요오드-요오드화칼륨의 원래 색은 갈색인데 탄수화물 속의 녹말과 반응하면 청람색으로 바뀝니다. 청람색은 푸른빛을 띤 남색이에요. 또한 청록색의 베네딕트 용액이 탄수화물 속의 포도당과 반응하면 황적색으로 바뀝니다. 황적색은 누런빛을 띤 붉은색이에요.

단백질을 확인하려면 뷰렛 용액을 떨어뜨리면 됩니다. 뷰렛 용액의 원래 색은 푸른색이지만 단백질과 반응하면 보라색으로 바뀝니다.

또한 수단Ⅲ 용액은 붉은색인데 지방과 만나면 선홍색으로 바뀝니다.

이렇게 몇 가지 시약의 반응만 알고 있으면 우리가 매일 먹는 음식이 어떤 영양소로 이루어져 있는지 시험해 볼 수 있답니다.

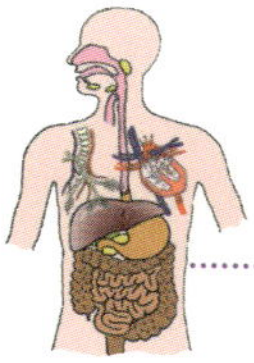

음식이 몸속에서 소화되는 과정

사람의 몸은 음식에서 영양분을 얻기 위해 소화기관을 사용합니다. 소화기관은 여러 장기로 이루어져 있습니다. 이 장기들은 음식물을 더 작은 조각으로 분해하는 일을 합니다. 음식을 에너지로 사용할 수 있도록 만드는 과정이에요.

소화의 시작, 입

소화는 사람의 입에서 시작됩니다. 사람이 음식을 씹어 먹을 때, 침은 그 음식물을 축축하게 적시고 분해합니다. 사람의 침 속에는 아밀라아제라는 소화효소가 있습니다. 이 효소는 우리가 먹은 밥을 엿당이라는 작은 입자로 쪼개는 역할을 합니다. 피자를 먹는다고 생각해 보세요. 그리고 피자 굽는 냄새를 머릿속에 떠올려 보세요. 입에 침이 고이나요? 만약 그렇다면 여러분의 몸은 음식을 먹을 준비가 되었다고 할 수 있습니다. 아밀라아제를 통해 이루어지는 소화를 '화학적 소화'라고 합니다.

그렇다면 엿당이란 무엇일까요? 밥을 입안에 오래 넣고 있으면 단맛이 나지요? 밥이 분해되어 생긴 엿당 때문입니다. 엿당은 말 그대로 당분으로서 단

효소

각종 화학반응에서 자신은 변하지 않으나 반응속도를 빠르게 하는 단백질입니다. 몸속에서 영양소를 흡수할 수 있도록 영양소를 잘게 부수어 주는 역할을 합니다.

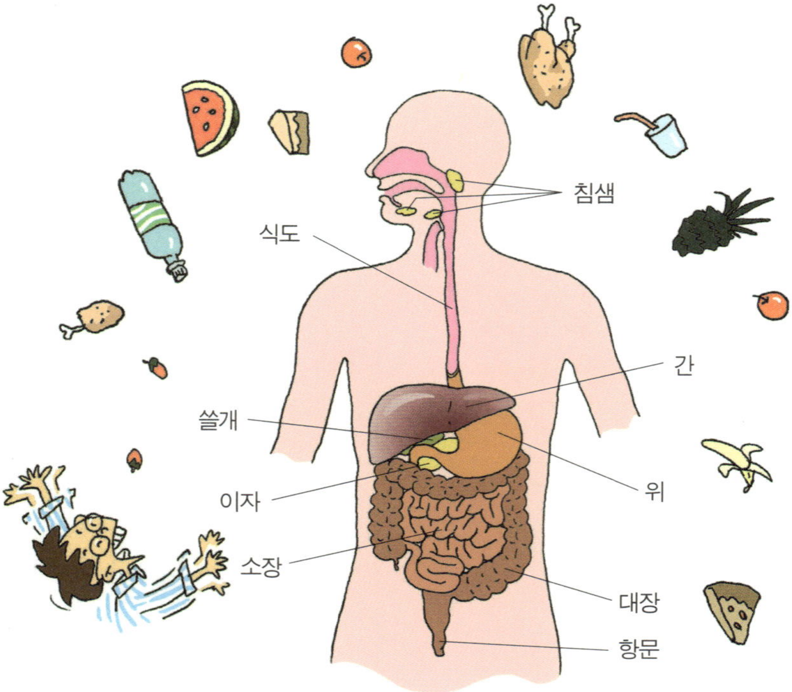

우리의 몸은 입에서 항문까지 아주 긴 관으로 이루어져 있다. 이것을 소화관이라 한다.

맛을 내는 탄수화물입니다.

입속에서는 이렇게 침에 의해 소화가 시작되지만 침만으로 다 소화되지는 않습니다. 치아와 혀도 소화를 돕습니다. 치아와 혀는 음식물을 부수고, 섞고, 강한 압력으로 음식물을 아래로 내려보내는 역할을 맡습니다. 이것을 '기계적 소화'라고 합니다.

이와 같은 입에서의 소화는 음식물이 입속에 머무는 시간이 짧은 편이기 때문에 짧게 이루어집니다.

위에서의 소화

입에서 분해된 음식물을 삼키면 목구멍은 식도라는 기관으로 음식물을 밀어 넣습니다. 식도에는 음식물을 내려보내기 위해 움직이는 근육이 붙어 있습니다.

식도에서 넘어온 음식물은 위로 갑니다. 위에서는 음식물을 본격적으로 분해하기 위해 위액이 분비됩니다. 위는 위액과 음식물이 잘 섞일 수 있도록 해 줍니다. 음식은 보통 죽 같은 액체가 될 때까지 위에서 몇 시간 동안 저장됩니다.

그런데 사람의 몸처럼 따뜻한 조건에서 음식물이 몇 시간 동안이나 있는데 혹시 상하지 않을까요? 뜨거운 여름에는 먹던 피자를 그대로 식탁 위에 두면 금세 상해 버리잖아요. 이런 상황을 방지하기 위해서 위는 위산을 분비합니다. 위산은 음식물을 상하게 하는 나쁜 균을 죽이는 역할을 해요.

또 위액에는 펩신이라는 소화효소가 있습니다. 펩신이 단백질을 분해하

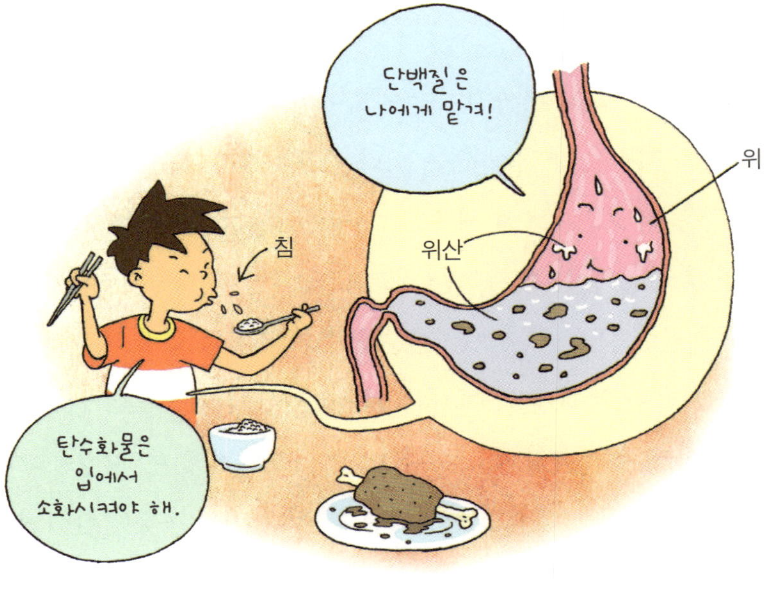

여 더 작은 펩톤으로 만듭니다.

하지만 위는 탄수화물은 소화하지 못합니다. 산성이 너무 강한 위산 때문입니다. 위산은 단백질이 잘 소화되도록 돕지만 입에서 넘어온 침이 위산을 만나면 제 역할을 다하지 못하게 됩니다.

소장에서의 소화

우리는 앞에서 탄수화물은 입속에서, 단백질은 위에서 소화된다는 사실을 배웠습니다. 그렇다면 지방은 어디에서 소화될까요? 혹시 지방은 그 어디에서도 소화해 주지 않는 게 아닐까요? 기름기가 많은 음식을 먹으면 속이 더부룩하고 소화되지 않을 때가 많잖아요. 하지만 분명히 지방도 우리 몸속 소화기관에서 소화해 줍니다. 바로 소장에서입니다.

소장은 위에서부터 길고 구불구불하게 이어진 관입니다. 만약 소장을 직선으로 죽 늘어뜨리면 6m 이상의 길이가 된다고 합니다. 보통 다 큰 성인의 키가 2m를 넘기 어려운데, 몸속에 6m가 넘는 소장이 있다니, 정말 신기하지요?

입에서 식도, 그리고 위까지 내려와 분해된 음식물은 소장으로 이동합니다. 소장에는 지방을 분해해 주는 소화 액체가 있기 때문에 음식물은 소장에서 더 작은 영양분으로 분해돼요. 지방을 분해하는 소화 액체의 비밀은 소장 위쪽에 자리 잡은 이자라는 장기와 쓸개즙에 있습니다. 이자에서 소장으로 흘러들어 오는 이자액은 영양분이 최대한 몸에 잘 흡수되도록 많은 힘을 쓰는 기특한 액체예요. 이자액에는 리파아제라는 효소가 포함되어 있습니다. 리파아제는 화학적으로 한 번도 분해되지 않은 지방을 지방산과 글리세롤이라는 작은 입자로 쪼갭니다. 하지만 리파아제가 한꺼번에 지방을 전부 분해하려면 힘들기 때문에 쓸개즙이 지방의 소화를 돕습니다. 쓸개즙은 간에서 만들지만 쓸개에 저장해 놓기 때문에 쓸개즙이라고 부릅니다. 쓸개즙은 직접 지방을 소화시키는 효소는 아니지만 리파아제가 더 활발히 지방을 분해하도록 돕는 역할을 합니다.

그렇다면 다른 영양소는 어떨까요? 침에 의해 엿당으로 분해된 탄수화물은 소장에서 말타아제라는 물질에 의해 더 작은 포도당으로 분해됩니다. 단백질은 펩톤에서 더 작은 아미노산으로 분해되고요. 이렇게 분해된 작은 영양소들은 소장의 벽을 통해 흡수됩니다.

소장의 벽은 울퉁불퉁한 융털돌기로 되어 있습니다. 조금 더 많은 양의 영양분을 흡수하기 위해서입니다. 매끈한 것보다는 울퉁불퉁한 편이 영양분이 닿을 수 있는 면적이 훨씬 넓습니다. 수건을 생각해 보세요. 울퉁불퉁한 표면의 수건은 매끄러운 실크보다 훨씬 많은 물을 흡수할 수 있지요. 이 융털돌기는 기름기 있는 지용성 양분이 흡수되는 암죽관과 물에 잘 녹는 수용성 양분이 흡수되는 모세혈관으로 되어 있습니다. 이렇게 융털돌기를 통해 흡수된 양분은 심장으로 가 온몸으로 퍼져 나갑니다.

영양소의 저장고, 간

수용성 양분이 심장으로 가기 전에 꼭 들르는 곳이 있습니다. 바로 간입니다. 간은 소화기관은 아니지만 소화된 영양소가 소장으로 흡수된 후 간에 저장됩니다. 우리가 밥을 먹으면 간은 포도당을 글리

암죽관

소장 안쪽 벽의 융털돌기 속에 있는 림프관을 말합니다. 이 관을 통해 지방산과 글리세롤이 흡수됩니다. 다른 말로 유미관이라고도 합니다.

글리코겐

동물의 간, 창자, 근육 따위에 들어 있는 동물성 녹말입니다. 맛과 냄새가 없는 하얀색 가루로서 에너지대사에 중요한 물질입니다.

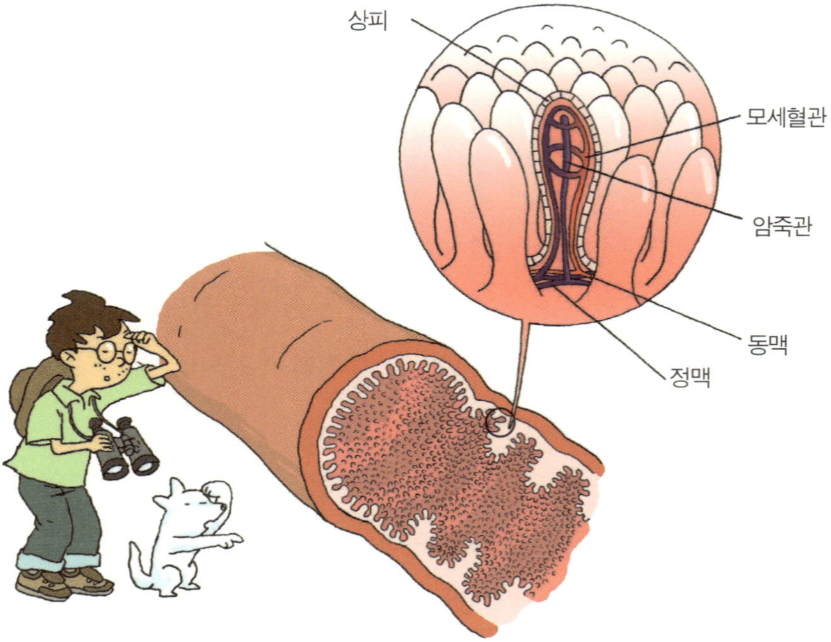

소장의 융털돌기 단면도. 단면이 넓어야 영양분을 더 많이 흡수할 수 있다.

코겐이라는 형태로 바꾸어 저장했다가 제때 밥을 먹지 못하면 다시 글리코겐을 포도당으로 분해합니다. 분해된 포도당을 우리가 에너지로 쓰고요. 음식물을 받아들이고 소화하는 것은 위이지만 음식물의 효과를 내는 기관은 간입니다. 사람이 몇 끼 굶어도 건강을 크게 해치지 않는 것은 모두 간이 수용성 양분을 저장한 덕분입니다. 사람이 양껏 먹지 못했을 때 "간에 기별도 안 가네"라고 말하는 이유를 이제 알겠지요?

TIP 요건 몰랐지?

배에서 꼬르륵 소리가 나는 이유

조용한 분위기에서 갑자기 꼬르륵 소리가 나 창피했던 경험이 있나요? 우리 배는 전혀 예상하지 못했던 상황에서 꼬르륵 소리를 내곤 해요. 이 소리는 대체 왜 날까요?

그 해답은 '위'에 있습니다. 사람의 위는 위의 근육을 조였다 늘였다를 반복하면서 음식물을 죽처럼 만듭니다. 그런데 만약 위가 너무 비어 있으면 그 빈 공간만큼 더 꽉 조였다 늘였다 하는 동작을 반복하게 됩니다. 갑자기 위가 세게 오므라들면 위에 고여 있는 공기가 밀려서 십이지장으로 이동합니다. 그때 꼬르륵 소리가 나요.

배에서 꼬르륵 소리가 났을 때 배가 고프다고 생각하는 이유도 바로 이 때문입니다.

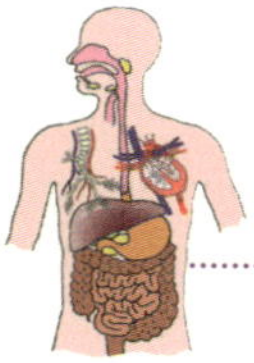

에너지는 어디에 쓰일까요?

에너지와 체온 유지

우리가 흡수한 영양분은 어디에 가장 많이 쓰일까요? 달리기할 때? 친구와 떠들 때? 아니면 열심히 공부할 때? 키가 클 때? 맞습니다. 모두 에너지가 많이 쓰이는 곳입니다. 하지만 뭐니 뭐니 해도 체온을 유지하는 데에 가장 많은 에너지를 씁니다.

우리는 몸의 온도가 항상 일정합니다. 만약 체온이 너무 높아지거나 낮

이렇게 몸이 많이
움직일 때 에너지도
더 많이 필요하지.
포도당, 글리코겐으로
변신!

아지면 우리는 몸이 이상해지는 것을 느끼게 됩니다. 이런 동물을 정온동물이라고 합니다. 특히 추운 날에는 밖의 온도에 따라 체온도 낮아지기 때문에 더 많은 에너지를 들여 몸의 온도를 유지합니다. 그래서 겨울이 되면 다른 계절보다 많은 양의 음식을 먹게 됩니다.

정온동물

조류나 포유류처럼 바깥 온도에 상관없이 항상 체온을 일정하고 따뜻하게 유지하는 동물을 말합니다. 바깥 온도에 따라 몸의 온도가 변하는 동물은 변온동물이라고 하지요.

하지만 우리가 섭취한 영양분의 일부는 사용할 수 없는데, 이것은 대장으로 흘러가서 차곡차곡 쌓여 바로 대변이 됩니다. 대장에서는 물을 흡수하여 대변을 배설하기에 적당한 상태로 만듭니다.

사람이 물을 적게 마시면 변비에 걸릴 수 있습니다. 텔레비전에서 캡슐 요구르트 광고를 본 적이 있나요? 유산균 음료수가 변비에 도움이 된다는 내용이지요. 유산균은 장운동을 활발하게 해서 변비를 해소하는 데 도움을 줍니다. 그런데 문제는 이 유산균이 위의 강한 산성 환경에서 대부분 죽어 버린다는 사실입니다. 그래서 개발된 것이 캡슐 요구르트입니다. 유산균이 산성에 죽지 않도록 얇은 지방으로 된 막을 입힌 캡슐 요구르트를 만든 것입니다.

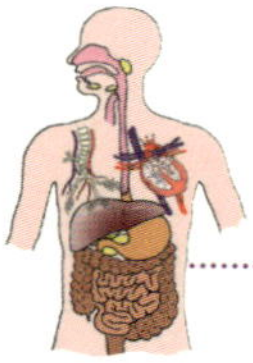

우리 몸에 꼭 필요한 물과 무기염류

비열이 높은 물

물은 우리 몸의 66%를 차지하고 있습니다. 단백질은 16%, 지방은 13%, 무기염류는 4%, 탄수화물은 0.4%를 차지합니다. 물은 가장 많은 비율을 차지하는 만큼 우리 몸 안에서 여러 가지 활동을 합니다. 땀이 바로 그 증거입니다. 더운 여름날이 되면 몸은 땀을 흘립니다. 몸의 온도가 올라가는 것을 막기 위해서입니다. 땀은 몸에서 증발되면서 우리 몸의 열을 빼앗아 가거든요.

만약 우리 몸이 강철로 되어 있다고 상상해 보세요. 날씨가 아무리 더운 여름이라고 해도 땀을 흘리지는 않겠지요. 또한 강철은 비열이 낮아서 온도가 쉽게 올라갑니다. 더운 여름에 운동장에 있는 철봉을 만진 적이 있나요? 매우 뜨겁지요. 겨울에는 오랫동안 만지고 있기 힘들 만큼 철봉이 차가워지고요. 이 역시 비열이 낮아서입니다. 반대로 물은 비열이 굉장히 높습니다. 그래서 온도가 쉽게 올라가지 않는 성질이 있어요. 다행히 우리의 몸은 물이 많은 비중을 차지하고 있기 때문에 항상 일정한 온도를 유지할 수 있습니다.

또한 물은 기관과 조직 사이에서 충격을 줄여 줍니다. 아주 좁은 공간에서 사람끼리 부딪쳐도 크게 다치지 않는 이유도 우리 몸속에 물이 있기 때문이에요

비열

물질 1g의 온도를 1℃ 올리는 데 드는 열량과 물 1g의 온도를 1℃ 올리는 데 드는 열량과의 비율을 말합니다. 물의 비열이 모든 물질 가운데 가장 큽니다.

꼭 필요한 무기염류

물처럼 에너지를 내지는 않지만 우리 몸에 꼭 필요한 영양소에는 무기염류(무기질)가 있습니다. 여러분처럼 성장하는 시기에 꼭 먹어야 하는 무기염류의 종류는 많습니다. 그중에서도 칼슘은 뼈와 이를 구성하는 성분으로서 어린이들에게 꼭 필요합니다. 멸치와 우유를 많이 먹어야 하는 이유도 모두 칼슘 때문입니다.

무기염류 가운데 철분도 중요합니다. 철분은 적혈구에 작용해서 우리 몸의 산소 운반을 도와주는 영양소입니다. 철분이 부족해지면 세포에 산소가 공급되지 않고, 그 결과 뇌에도 산소가 공급되지 않아 쉽게 현기증을 느끼게 됩니다.

라면처럼 짠 음식을 많이 먹으면 나트륨이라는 무기염류가 우리 몸에 너무 많아집니다. 나트륨은 자극을 전달하는 데 꼭 필요한 영양소이지만 너무 많아지면 고혈압을 일으키므로 적당히 섭취해야 합니다.

Q&A 꼭 알고 넘어가자!

문제 1 사람의 몸에 에너지를 주는 영양소인 탄수화물, 단백질, 지방을 구별할 수 있는 방법은 무엇인가요?

문제 2 간은 소화기관이 아닌데도 사람들은 충분히 먹지 못했을 때 "간에 기별도 안 가네"라고 말합니다. 그 이유는 무엇인가요?

3. 에너지는 우리 몸의 활동은 물론 몸의 체온을 유지하는 데에도 쓰입니다. 만약 몸의 온도가 너무 높거나 낮아지면 몸의 이상을 느끼지요. 특히 추운 날에는 밖의 온도가 너무 낮아 몸의 온도도 낮아질 수 있기 때문에 더 많은 에너지를 들여 체온을 유지합니다. 그래서 여름보다 겨울에 더 많게 먹게 됩니다.

4. 칼슘은 뼈와 이를 구성하는 성분이므로 충분히 섭취해야 합니다. 또한 철분은 적혈구에 작용해서 산소의 운반을 도와주는 영양소입니다. 철분이 부족해지면 세포에 산소가 공급되지 않고, 그 결과 뇌에 산소가 공급되지 않아 현기증이 생깁니다. 나트륨은 자극을 전달하는 데 꼭 필요한 영양소이지만 너무 많아지면 고혈압을 일으킵니다.

문제 3 음식을 먹어 얻은 에너지는 어디에 쓰이나요?

문제 4 칼슘, 철분, 나트륨 같은 무기염류는 우리 몸에서 어떤 역할을 하나요?

정답

1. 영양소를 구별하는 대표적인 방법은 시약을 떨어뜨려 보는 것입니다. 식빵이나 감자에 요오드-요오드화칼륨 용액을 떨어뜨리면 원래 색인 갈색에서 청람색으로 바뀝니다. 시약이 식빵과 감자 속에 들어 있는 녹말과 반응해서입니다. 단백질을 확인할 수 있는 시약은 뷰렛 용액입니다. 뷰렛 용액은 원래 푸른색이지만 단백질과 만나면 보라색으로 바뀝니다. 또한 수단Ⅲ 용액은 원래 붉은색인데 지방과 만나면 선홍색으로 바뀝니다.

2. 간은 소화기관은 아니지만 수용성 양분이 심장으로 가기 전 반드시 가는 곳입니다. 간은 포도당을 글리코겐 형태로 저장했다가 제때 밥을 먹지 못하면 글리코겐을 다시 포도당으로 분해합니다. 분해된 포도당을 우리가 에너지로 씁니다. 이 사실에서 "간에 기별도 안 가네"라는 말이 나왔습니다.

관련 교과

초등 4학년 1학기 4. 모습을 바꾸는 물

중학교 2학년 7. 호흡과 배설, 4. 소화와 순환

2. 배설

사람은 끼니마다 밥을 먹고 사이사이 간식도 먹습니다. 그뿐만 아니라 물과 음료수도 마시지요. 온종일 우리가 먹는 음식을 생각해 보면, 그 많은 양이 우리 몸속에 들어간다는 사실이 놀랍습니다. 소변, 땀, 대변, 호흡을 통해 노폐물이 배설되기 때문에 가능한 일입니다. 배설이 무엇인지 자세히 알아보아요.

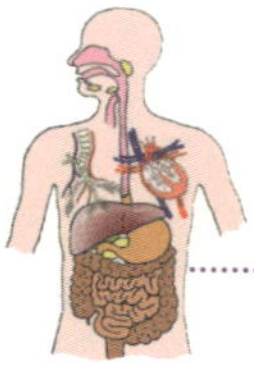

소변과 땀을 통해 노폐물이 나가요

가만히 있어도 사람의 몸은 생명과 건강을 유지하기 위해 활동합니다. 하지만 사람의 몸은 활동하면서 필요 없는 것을 만들어서 버리는 일도 합니다. 이 필요 없는 것을 우리는 배설물이라고 부릅니다. 배설물을 만들어 버리는 것도 건강을 유지하기 위한 몸의 활동입니다. 먹기만 하고 배설하지 못하면 사람은 병들어 버립니다.

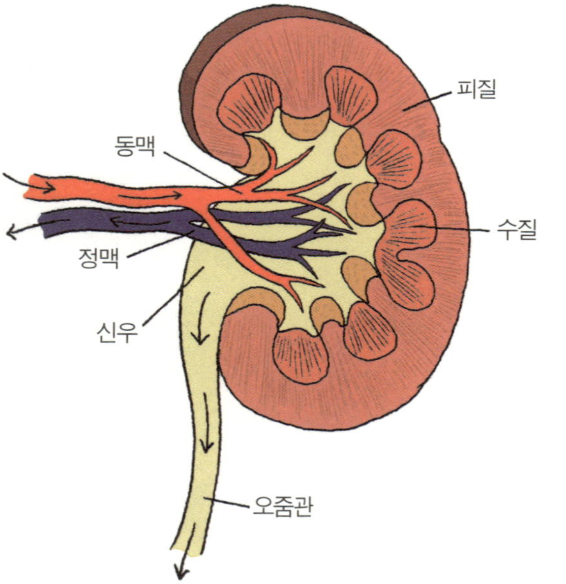

신장의 구조. 피질과 수질에서 소변을 만들면 신우에 저장했다가 방광으로 내보낸다.

소변을 만드는 신장

몸속에는 소변을 만들고 담아 두는 특별한 신체 기관이 있습니다. 이 기관을 신장과 방광이라고 부릅니다. 신장은 생긴 모양이 콩과 팥을 닮았다 해서 콩팥이라고 부르기도 합니다. 신장은 우리의 혈액 속에 있는 더러운 물질을 걸러 내는 역할을 합니다. 흙탕물을 거름종이를 끼운 깔때기에 부어 걸러 본 적이 있나요? 깔때기에 흙탕물을 부으면 흙가루는 거름종이 위에 남고, 그 아래로는 투명한 물이 떨어집니다. 신장이 바로 이와 같은 원리로 거름종이의 역할을 해요. 신장을 지나 몸 밖으로 나가는 것이 노폐물이라면, 신장 안에 남는 물질은 무엇일까요? 혈구와 단백질입니다. 혈구와 단백질은 덩어리가 커서 신장을 빠져나갈 수 없습니다. 만약 신장에 이상에 생겨서 단백질과 혈구까지 여과된다면 몸이 아프다는 신호입니다. 소변에 피가 섞여 나오는 증상이 그 예예요.

신장을 통해 걸러진 노폐물은 우리 몸 밖으로 버려집니다. 하루에 걸러지는 소변의 양은 약 180*l* 정도예요. 그런데 이 많은 양이 정말 오줌으로 다 나온다면 우린 정신없이 화장실만 들락거려야겠지요? 다행히 대부분은 다시 몸에 흡수되고 하루에 1.5*l* 정도만 오줌으로 배설됩니다. 이처럼 신장은 몸 안에서 필요 없는 물질을 모으고, 이것을 소변으로 바꾸어 방광으로 보냅니다. 우리가 소변이 보고 싶다고 느끼는 것은 방광이 소변으로 가득 차 있으니 밖으로 내보내라는 신호입니다.

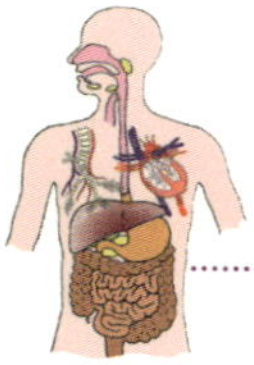

높은 온도에서는 땀이 많이 나요

땀이 나는 이유

불필요한 물질을 몸 밖으로 배출하는 또 다른 방법은 땀을 통해서입니다. 누구나 한 번 이상은 목욕탕에 가 봤을 거예요. 목욕탕 사우나실에 들어가면 높은 온도 때문에 땀이 많이 흐릅니다. 높은 온도에서 땀이 많이 나는 이유는 무엇일까요? 우리 몸이 항상성을 유지하려고 노력하기 때문입니다. 이 항상성 때문에 짠 음식을 많이 먹으면 물이 먹고 싶고, 수박이나 음료수처럼 수분이 많은 음식을 먹으면 소변이 보고 싶어집니다.

더운 여름에는 특히 자주 목이 마르지요? 그 원인은 땀 때문입니다. 땀은 소변과 성분이 매우 비슷하지만 수분이 조금 더 많이 들어 있습니다. 땀을 많이 흘린 다음에는 반드시 수분을 보충해 주어야겠지요. 목욕탕에 다녀와서 땀을 많이 흘렸다면 물을 필요한 만큼 마셔서 보충해야 합니다. 우리가 겨울에 물을 많이 마시지 않게 되는 이유도 여름에 비해 땀을 덜 흘리기 때문입니다.

항상성

살아 있는 생물이 여러 가지 환경 변화에도 일정한 상태를 유지하는 성질을 말합니다.

땀이 나오는 곳

땀은 어디에서 나올까요? 우리의 피부 표면일까요? 아닙니다. 땀을 만드는 땀샘은 피부의 진피 속

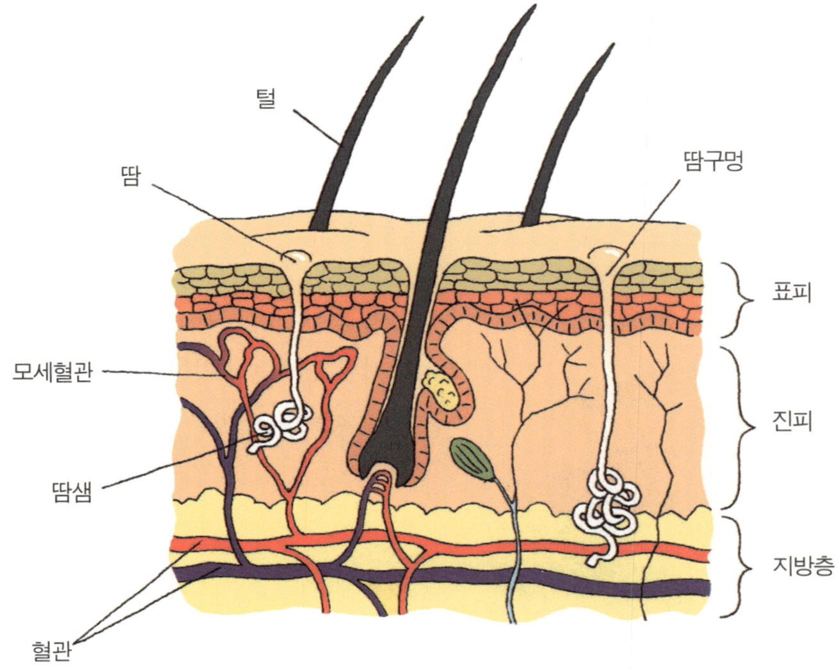

땀샘은 피부의 진피 속에 있으며 실타래처럼 뭉쳐 있다.

에 실타래처럼 말려 있고 그 주위를 모세혈관이 둘러싸고 있습니다. 혈액에서 걸러진 노폐물과 물이 모세혈관에서 땀샘으로 보내져 땀이 생깁니다. 땀샘의 끝에 길게 난 관이 땀구멍을 열고, 이 관을 통해 땀이 몸 밖으로 나옵니다.

땀샘은 온몸에 약 200~400만 개 분포되어 있습니다. 특히 손바닥, 발바닥, 콧등, 이마, 겨드랑이 등에 많이 있어요.

TIP 요건 몰랐지?

소변과 땀에서 악취가 나는 이유

땀은 단백질이 분해되어 만들어진다.

소변과 땀은 우리가 먹는 영양소 중에 단백질이 분해되면서 만들어집니다. 몸에서 단백질이 분해되면 아미노산이 되지요. 아미노산은 여러 가지 화학반응을 거쳐 암모니아라는 화학물질을 만듭니다. 과학 실험실에서 쉽게 접할 수 있는 암모니아의 냄새를 맡아 본 적이 있나요? 굉장히 강한 화장실 냄새를 풍기지요. 소변과 땀에서 악취가 나는 이유는 소변과 땀이 암모니아로 만들어졌기 때문입니다. 암모니아는 독성이 강하기 때문에 우리 몸에 오래 있을 수 없습니다. 그래서 간에서 요소로 바꿔어요. 암모니아에서 만들어진 요소 또한 강한 냄새가 날 수밖에 없습니다.

외국인 중 한국인에게는 마늘 냄새가 난다고 말하는 사람이 있습니다. 항상 김치를 먹고 사는 우리끼리는 잘 못 느끼지만 처음 한국에 온 외국인은 느낄 수 있다고 합니다. 반대로 한국인도 서양인에게 특유의 냄새를 맡을 때가 있습니다. 육식 위주로 식사하는 외국인은 한국인보다 단백질을 많이 섭취하기 때문에 땀에서 요소의 농도가 짙어질 수 있습니다. 그 때문에 외국인에게 냄새가 나는 경우가 있습니다.

몸 밖으로 나온 소변은 오래 고여 있을수록 냄새가 더 심해집니다. 소변이 공기 중에 노출되면 공기 속 세균 때문에 썩어 들어가기 때문입니다.

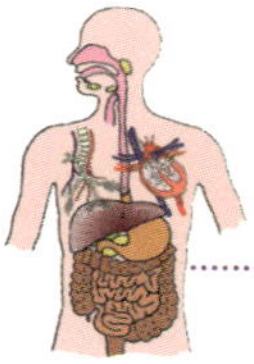

대변과 호흡을 통해 노폐물이 나가요

유용한 대변

어떤 친구들은 '똥'이라고 부르는 대변 이야기를 하면 얼굴부터 찡그리면서 무척 싫어합니다. 냄새가 나고 보기에도 좋지 않기 때문이에요. 하지만 이 대변이 무엇인지 제대로 안다면 그렇게 싫어할 일도 아니랍니다.

사람의 항문에서 나가는 배설물을 대변이라고 해요. 대변은 소변과 함께 우리 몸의 대표적인 노폐물입니다. 대변은 우리가 먹은 음식 중에 잘 소화되지 않았거나 흡수되지 않은 것, 소화를 도와주는 소화액 중에 남은 것, 장 안에 있는 미생물 등을 포함하고 있습니다. 그러므로 우리가 적게 먹는다면 배설되는 대변의 양도 적어집니다.

대변의 양과 횟수는 어떤 종류의 음식을 얼마만큼 먹었는지, 음식물이 얼마나 소화되고 흡수되었는지에 따라 다릅니다. 하지만 건강한 사람이라면 하루에 보통 100~200g 정도의 대변을 배설합니다.

대변은 소화기가 건강한지를 진단하는 데에 유용합니다. 대변의 양, 횟수, 색깔, 냄새, 모양을 통해서 소화기의 건강 상태를 알 수 있습니다. 현미경으로 대변의 성분과 기생충의 알을 검사할 수도 있습니다. 대변을 검사하는 방법은 그 외에도 여러 가지가 있어서 건강이 어떤지 아는 데에 도움을 줍니다.

숨 쉴 때마다 노폐물이 나가요

우리 몸의 노폐물을 내보내는 마지막 방법은 호흡입니다. 앞에서 말했던 탄수화물, 단백질, 지방은 모두 산소, 수소, 탄소라는 원소로 이루어져 있습니다. 산소, 수소, 탄소로 이루어진 이 세 가지 영양소가 분해되면 이산화탄소와 물이 노폐물로 나옵니다.

물은 호흡할 때에도 몸 밖으로 빠져나간다. 추운 겨울날 입김이 나오는 것이 그 예이다.
ⓒ Craig Nagy@flickr.com

그런데 모든 영양소 중 단백질만 한 가지 원소를 더 가지고 있습니다. 질소라는 원소예요. 이 질소 때문에 단백질은 독성이 강한 암모니아를 만듭니다. 사람이 몸에 독성을 가지고 있으면 위험하겠지요. 그래서 간이 해독 작용을 합니다. 간은 암모니아를 독성이 약한 요소라는 물질로 바꾸어 줍니다. 이 요소가 바로 땀과 소변의 주요 성분입니다.

모든 영양소가 분해될 때 생기는 이산화탄소는 사람이 호흡할 때 몸 밖으로 나갑니다. 그렇다면 물은 어떨까요? 물은 땀과 소변을 통해서만 배출될까요? 그렇지 않습니다. 물 역시 이산화탄소와 마찬가지로 호흡을 통해서도 배출됩니다. 이 사실은 겨울에 더 확실히 알 수 있습니다. 추운 겨울날 '하' 하고 입김을 불면 하얀 김이 나오는 것을 볼 수 있어요. 기체 상태였던 물이 하얀 물방울이 된 것입니다.

TIP 요건 몰랐지?

다른 척추동물의 배설

사람은 독성이 강한 암모니아를 간에서 요소로 바꾼 뒤 방광에 모았다가 한꺼번에 내보냅니다. 하지만 물속에 사는 물고기는 굳이 암모니아를 요소로 바꾸지 않아도 된답니다. 암모니아는 물에 잘 녹기 때문에 몸에서 생길 때마다 배설해도 다른 생물에게 크게 영향을 주지 않기 때문이에요.

암모니아는 물에 잘 녹으므로 물고기는 배설물을 그때그때 내보낸다.

하늘을 나는 새는 어떨까요? 새는 방광이 따로 없기 때문에 대변과 소변이 한 번에 나옵니다. 새는 날아다녀야 하는 까닭에 배설물을 저장하면 몸이 무거워져 지장을 받습니다. 따라서 새도 배설물이 생길 때마다 몸 밖으로 내보낼 수밖에 없습니다. 새들의 배설물의 성분은 요산인데, 요산은 우리의 소변에도 약간 있습니다. 요산은 산성 물질이기 때문에 자동차에 묻으면 차의 표면이 부식됩니다.

배설물을 저장하면 몸이 무거워지므로 새도 그때그때 배설물을 내보낸다. ⓒ Don DeBold@flicker.com

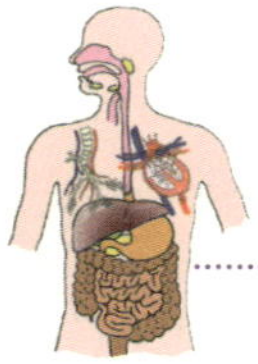

신장병에 걸리면 어떻게 될까요?

우리는 앞에서 신장을 거름종이를 끼운 깔때기에 비유했습니다. 만약 거름종이에 구멍이 뚫려 있다면 어떻게 될까요? 걸러 내야 할 물질과 걸러 내지 말아야 물질 모두 그 구멍을 통해 나갈 것입니다. 신장도 마찬가지입니다. 건강한 신장은 노폐물이 된 물만 걸러 낼 뿐 덩어리가 큰 혈구와 단백질은 여과시키지 못합니다. 하지만 신장에 이상이 생기면 혈구와 단백질까지 여과되어 혈뇨와 단백뇨 증상이 생깁니다. 이보다 더 큰일은 우리 몸의 독이 밖으로 빠져나가지 못한다는 것입니다. 소변을 보는 일이 중요한 이유는 몸의 물의 양을 조절하는 것은 물론 노폐물을 밖으로 내보내는 역할을 하기 때문입니다. 그런데 그 기능이 제대로 이루어지지 않으면 몸에 자꾸 독이 쌓여 밥맛이 없어지고, 계속 피곤하며, 몸이 붓고, 혈압이 높아지는 증세가 나타납니다.

간단한 증상은 약으로 치료할 수 있지만 심한 경우엔 혈액 투석이라는 복잡한 치료 과정을 거쳐야

혈뇨

소변에 피가 섞여 나오는 병을 말합니다. 그 피란 더 정확히 말하자면 적혈구를 가리킵니다. 가벼운 증상의 경우 소변에 붉은 기가 없으므로 현미경으로 혈구를 조사해야 합니다.

단백뇨

일정한 양의 단백질이 섞여 나오는 소변을 말합니다. 신장에 질병이 있을 때 혹은 과격한 운동을 한 후에 나타납니다.

혈압

혈액이 혈관 속을 흐를 때 혈관 안에 생기는 압력을 말합니다. 일반적으로 동맥 혈압을 가리킵니다.

인공신장을 이용해 혈액을 투석하여 신장병을 치료하기도 한다.

합니다. 혈액 투석이란 인공신장을 이용하여 신장이 하는 일을 기계가 대신하게 만드는 것입니다. 위의 그림처럼 투석액이 바깥쪽에 있고 안쪽 관에 우리의 혈액을 통과시키면 요소만 빠져나가고 나머지 영양소는 몸 안으로 다시 들어갑니다. 투석액에는 혈액과 같은 비율의 포도당과 아미노산을 넣어야 요소만 몸 밖으로 내보낼 수 있습니다.

하지만 이런 인공신장 기계가 신장병을 완전히 치료해 주지는 않습니다. 몸의 노폐물을 깨끗하게 없애 줄 수는 있지만 이삼 일에 한 번씩 병원을 찾아 치료를 받는 일이 쉽지 않습니다. 아직까지 신장을 제대로 치료하는 길은 진짜 신장을 이식하는 방법뿐입니다.

Q&A 꼭 알고 넘어가자!

문제 1 신장과 방광은 몸의 노폐물이 배설되는 데에 어떤 역할을 하나요?

문제 2 땀은 어떤 과정을 거쳐 몸 밖으로 나오나요?

3. 신장에 이상이 생기면 혈구와 단백질을 여과합니다. 그러면 소변을 볼 때마다 피가 섞여 나오는 혈뇨 증상이 생길 수 있고, 소변에 단백질이 섞여 나오는 단백뇨 증상이 생길 수도 있습니다. 무엇보다 큰 문제는 독이 몸 밖으로 빠져나가지 못한다는 사실입니다. 소변을 보면 물과 함께 몸에 쌓인 노폐물도 나가는데, 제대로 된 소변을 보지 못하면 몸에 독이 쌓입니다. 그러면 밥맛이 없어지고, 계속 피곤하며, 몸이 붓고, 혈압이 높아집니다.

문제 3 신장병에 걸리면 어떤 곤란을 겪게 될까요?

정답

1. 신장은 혈액 속에 있는 노폐물은 걸러 내고 혈구와 단백질은 남겨 둡니다. 만약 신장에 이상이 생겨서 단백질과 혈구까지 여과되면 몸이 아프다는 신호가 옵니다. 또한 신장은 노폐물을 소변으로 바꾸어 방광으로 보냅니다. 우리가 소변을 보고 싶다는 느낌이 든다면 방광이 소변으로 가득 찼다는 뜻입니다. 몸 밖으로 배설물을 내보내야 한다는 신호이지요.

2. 땀을 만드는 땀샘은 피부의 진피 속에 실타래처럼 말려 있고 그 주위를 모세혈관이 둘러싸고 있습니다. 혈액에서 걸러진 노폐물과 물이 모세혈관에서 땀샘으로 보내져 땀이 생깁니다. 땀샘 끝에 길게 난 관이 땀구멍을 열고, 이 관을 통해 땀이 몸 밖으로 나갑니다.

관련 교과

초등 4학년 1학기 4. 모습을 바꾸는 물

중학교 2학년 4. 소화와 순환, 7. 호흡과 배설

3. 호흡

먼지가 자욱한 공간에서 코가 간지러워 큼큼거린 경험이 있나요? 재채기는 우리 몸이 “공기가 들어오지 못하게 해!”라고 말하는 신호입니다. 코나 기도 속으로 이물질이 들어왔을 때 이물질을 밖으로 내보내기 위한 방어라고 할 수 있습니다. 이 현상은 모두 호흡과 관련이 있습니다. 호흡이란 무엇일까요?

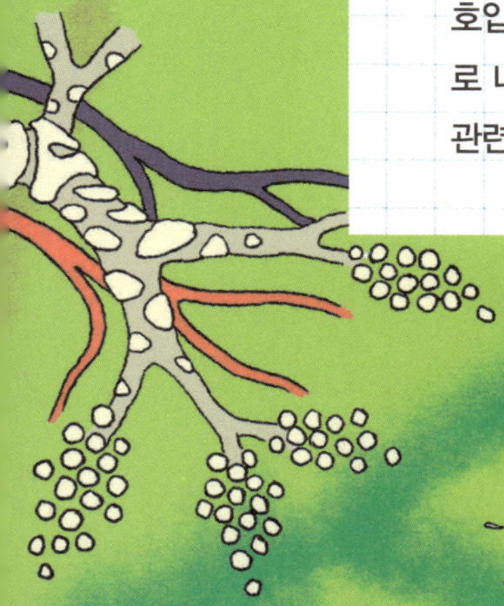

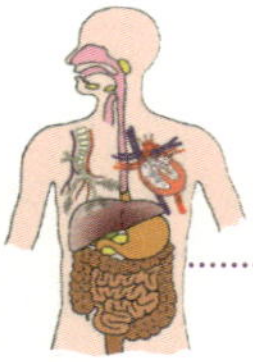

호흡이란 무엇일까요?

물속에서 누가 숨을 오래 참는지 친구와 겨룬 적이 있나요? 2009년 4월, 데이비드 메를리니라는 남자가 세계 기록을 세웠습니다. 물속에서 숨을 21분 29초 동안이나 참았습니다. 대부분의 사람은 그렇게 오래 숨을 참을 수 없습니다. 사람의 몸은 살기 위해 끊임없이 산소를 공급받아야 하기 때문입니다. 따라서 우리 같은 보통 사람은 절대 데이비드 메를리니가 했던 시도를 해서는 안 됩니다.

사람은 산소를 공기에서 얻습니다. 공기는 숨 쉴 때에도 필요하지만 풍선을 불 때에도, 바람이 불 때에도 필요하지요. 바람에 나뭇가지가 흔들리는 것은 공기가 이동하기 때문입니다.

과자 봉지 안에는 아무것과도 반응하지 않는 질소를 채워 넣는다.

그런데 뜻밖에도 우리가 마시는 공기의 대부분은 산소가 아닌 질소로 이루어져 있습니다. 무려 공기의 5분의 4를 질소가 차지해요. 사실 질소는 우리 몸에 쓰이지 않기 때문에 마시는 만큼 뱉어 냅니다.

질소의 가장 큰 특징은 그 무엇하고도 반응하지 않는다는 점입니다. 질소의 이런 특성 때문에 과자 봉지 안에 질소를 불어 넣습니다. 과자 봉지 안에 기체를 채워 넣지 않으면 운반 과정에서 과자가 많이 부서질 것입니다. 이때 질소가 아닌 다른 기체를 불어 넣는다면 과자와 그 기체가 반응하여 과자가 더 빨리 상하게 됩니다. 이렇게 질소를 채워 넣는 것을 '질소 충전'이라고 합니다.

산소는 공기에서 질소 다음으로 많습니다. 사람의 몸은 들이마신 산소를 필요한 만큼만 남겨 두고 나머지는 다시 뱉습니다. 이렇게 공기를 마시고 내뱉는 일을 '호흡'이라고 합니다.

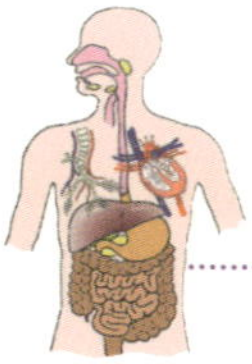

콧구멍은 왜 두 개일까요?

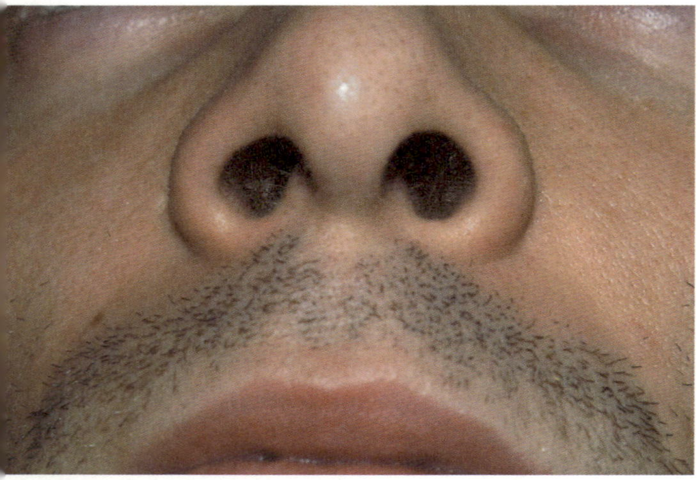

콧속의 털과 점액질은 공기 속의 세균을 걸러 준다.
ⓒ David Shankbone@the Wikimedia Commons

호흡은 호흡기관을 통해 이루어집니다. 호흡기관은 기관(숨관), 허파(폐), 호흡을 돕는 근육으로 이루어져 있습니다. 숨을 들이마시면 공기는 허파로 이동합니다. 공기가 허파로 이동하는 과정에서 세 가지 중요한 일이 일어납니다. 공기가 깨끗해지고, 데워지고, 촉촉해지는 일입니다.

공기는 코에 있는 수많은 작은 털을 통과합니다. 이 털은 먼지, 세균과 이물질을 걸러 냅니다. 거울을 가만히 들여다보세요. 우리 얼굴에는 콧구멍이 두 개 있지요? 왜 하필 한 개가 아니라 두 개일까요? 음식을 먹는 입만 해도 한 개잖아요. 그 이유는 간단합니다. 밥은 끼니때만 먹지만 호흡은 쉴 틈 없이 항상 해야 하기 때문입니다. 심지어 우리는 잠잘 때에도 호흡을 하잖아요. 콧속의 털과 점액질은 공기에 포함되어 있는 먼지나 세균을 거르는 역할을 하는데, 잠시도 쉬지 못하고 이 일을 한다고 생각해 보세요. 무척 힘들겠지요. 그래서 양쪽의

기침은 감기 균을 제거하라는 뇌의 명령이다.

콧구멍이 번갈아 일을 합니다. 한 쪽이 서너 시간 정도 일하고 나면 다른 한 쪽의 콧구멍이 다시 같은 일을 반복합니다. 하지만 코감기에 걸리면 두 개의 콧구멍이 같은 양의 공기를 빨아들이지 못해요.

여름보다 겨울에 더 쉽게 감기에 걸리는 것은 추운 날씨 탓도 있지만 겨울엔 공기가 건조해져서 콧속도 잘 마르기 때문입니다. 콧속이 건조해지면 감기 바이러스를 걸러 내지 못하고, 그 결과 감기에 걸리게 됩니다. 감기에 걸렸을 때 기침 증세가 심해지는 것은 감기 균이 콧속에 들어왔기 때문입니다. 이 감기 균은 신경을 간질간질 자극하여 뇌까지 신호를 전달해 줘요. 이때 뇌에서는 즉시 근육으로 이물질을 제거하라고 명령하여 우리는 기침을 하게 됩니다. '에취' 하는 재채기에 이런 이유가 숨어 있었답니다.

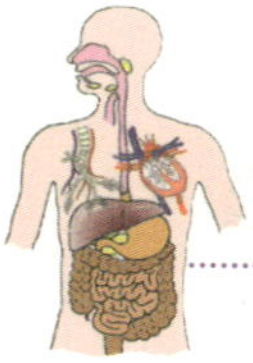

공기의 몸속 여행

기도와 식도

목구멍에는 기도와 식도 두 가지의 구멍이 있는데, 음식물은 식도를, 공기는 기도를 통과합니다. 기도란 공기가 허파로 전달되기 위한 통로입니다. 쉬운 말로 '숨길'이라고도 해요.

그런데 어떻게 음식과 공기가 스스로 자기가 가야 할 길을 찾아갈까요? 그것은 후두덮개 덕분에 가능합니다. 후두덮개가 목구멍을 덮어서 기도를 막기 때문에 음식물은 기도로 넘어갈 수 없습니다. 가끔 음식물이 기도로 넘어가는 경우도 있지만, 보통 재채기를 해서 음식물을 토해 냅니다. 이런

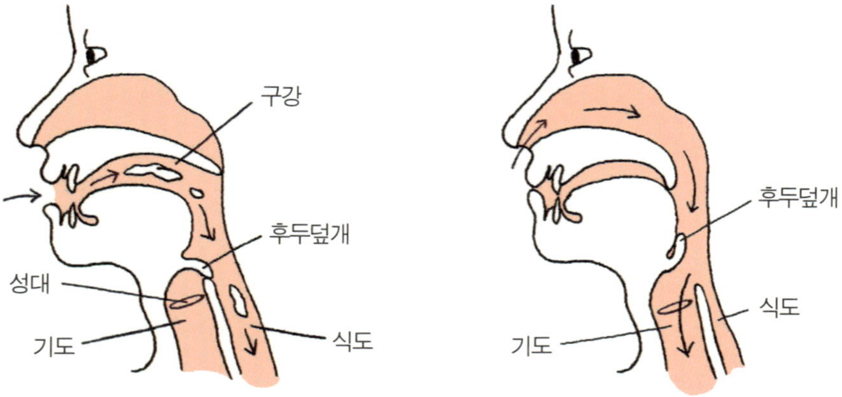

음식을 먹을 때에는 후두덮개가 닫혀 음식물이 식도로 넘어가고, 숨을 쉴 때에는 후두덮개가 열려 공기가 기도로 넘어간다.

현상을 우리는 '사레 걸렸다.' 라고 표현합니다. 사레에 걸리면 얼굴이 빨개지고 눈물이 핑 돌지요. 기도로 넘어가려는 음식물을 뱉기 위해서는 아주 센 바람을 입에서 토해 내야 하기 때문입니다. 너무 긴장하거나 음식을 빨리 먹을 때 사레에 걸립니다.

기관

공기가 기도를 지나 좀 더 내려가면 기관으로 이동합니다. 기관도 콧속과 마찬가지로 작은 털들이 붙어 있습니다. 기관의 털들은 콧구멍에서 걸러 내지 못해 넘어온 먼지와 세균, 이물질을 청소합니다. 기관의 안쪽 벽에서는 끈끈한 점액을 만들어 털과 함께 먼지를 붙잡아 다시 기도 위로 올려 보냅니다. 이렇게 기도로 올려 보내진 것이 가래입니다.

기관을 통과하면서 깨끗해진 공기는 데워지고 촉촉해집니다. 그 공기가 가슴까지 내려와 두 갈래로 나뉩니다. 이 통로는 가슴 양쪽의 허파와 연결되는데, 이것을 기관지라고 부릅니다. 기관지에서 마지막 글자 지(支)는 가지를 뜻하는 한자입니다. 나뭇가지처럼 나뉘었다고 해서 기관지라는 이름이 붙었습니다.

허파와 폐포

허파는 기관지에 달라붙어 있습니다. 허파에 도착한 공기는 깨끗하고 따뜻하면서도 촉촉한 상태입니다. 이런 공기를 허파 안에서 혈액까지 전달해야 합니다. 허파는 소장과 마찬가지로 융털돌기가 달라붙어 있는 울퉁불퉁한 구조입니다. 허파 벽이 울퉁불퉁해야 닿는 면적이 넓어져서 좀 더 많은 양의 공기를 우리 몸에 흡수시킬 수 있습니다.

■ 폐포를 확대한 모습

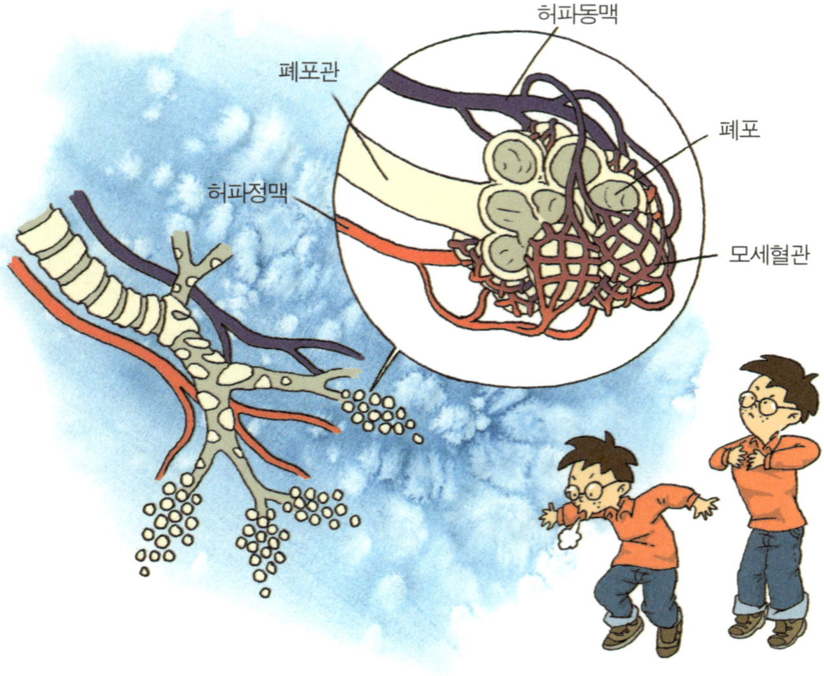

허파에는 좁쌀처럼 생긴 작은 알갱이들이 붙어 있습니다. 이 알갱이 하나하나가 바로 폐포입니다. 폐포는 허파꽈리라고도 부르는데, 위의 그림처럼 산소가 닿는 면적을 넓히기 위한 구조입니다. 또한 폐포는 아주 가느다란 모세혈관으로 둘러싸여 있기 때문에 우리가 마신 산소를 모세혈관에 넣어 주고 혈관 안에 필요 없는 이산화탄소를 받아 밖으로 내보내는 역할을 합니다.

그렇다면 폐포에서 틈이 보이지 않는 혈관으로 어떻게 기체를 이동시킬 수 있을까요? '확산'이라는 현상 때문입니다. 확산이란 농도가 높은 곳에서 낮은 곳으로 물질이 이동하는 것을 말합니다. 방귀 냄새가 퍼져 나가는 것, 더운물에 흑설탕을 넣어 두면 흑설탕이 고루 퍼져 물의 색이 점점 진해지는 것이 확산의 예입니다.

폐포와 혈관 사이에서 기체가 서로 바뀔 때에도 마찬가지입니다. 몸속의 산소는 우리가 필요할 때마다 써 버리기 때문에 바깥쪽 공기보다 산소량이 적을 수밖에 없습니다. 그래서 우리 몸의 바깥쪽 산소를 몸속으로 움직이게 하는 것입니다. 가령, 폐포에 산소가 열 개 있어 그것을 혈관에 넣어 준다면 산소는 온몸을 순환하다가 필요한 곳에 들어가고, 다시 폐포에 도착하면 다섯 개만 남습니다. 자연히 산소는 산소가 많은 폐포에서 산소가 적은 혈관 쪽으로 다시 이동하게 됩니다.

이산화탄소의 이동도 같은 원리입니다. 공기 중에 이산화탄소가 차지하는 비율은 굉장히 높습니다. 따라서 폐포에 들어왔을 때 이산화탄소가 차지하는 비율은 얼마 되지 않겠지요. 하지만 혈액이 우리 몸의 구석구석을 순환하다가 산소를 써 버리고 노폐물로 이산화탄소를 만들면 폐포에 도착했을 때 이산화탄소 양이 너무 많아집니다. 따라서 이산화탄소는 이산화탄소가 많은 혈관 쪽에서 이산화탄소가 적은 폐포 쪽으로 이동합니다. 이것이 이산화탄소가 몸 밖으로 나가는 원리입니다.

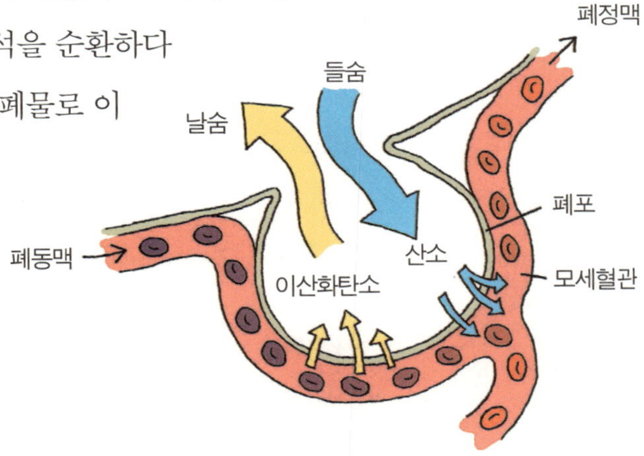

확산 원리에 의해 이산화탄소와 산소가 이동한다.

TIP 요건 몰랐지?

호흡에는 물이 필요해요

호흡을 간단히 표현하면 이산화탄소와 산소의 교환이라고 할 수 있습니다. 이렇게 기체가 교환될 때에 꼭 필요한 환경은 물입니다. 공기로 호흡하는 동물의 호흡기관도 직접 기체를 교환하는 부분은 얇은 물 층으로 덮여 있습니다.

개구리의 피부는 축축하기 때문에 피부로 호흡합니다. 뱀이나 도마뱀의 피부는 건조하여 피부로 호흡하기는 거의 힘듭니다. 하지만 이들 허파의 안쪽은 점막으로 되어 언제나 물막으로 덮여 있기 때문에 호흡하는 데에 지장이 없습니다. 대부분 아가미로 호흡하는 어류는 늘 물속에 있으므로 자연스럽게 조건이 갖추어진 셈입니다.

이 사실은 무엇을 말해 줄까요? 몸 바깥쪽의 산소가 일단 물에 녹은 뒤 몸 안으로 들어온다는 뜻입니다. 산소를 최대한 많이 받아들이기 위해 사람의 허파가 울퉁불퉁한 구조로 되어 있듯이 대부분의 동물의 호흡기관도 산소가 접하는 단면이 넓어지도록 복잡하게 발달되어 있습니다. 또한 동물의 호흡기관은 산소를 좀 더 잘 운반할 수 있도록 혈액이나 순환계통(심장, 동맥, 정맥 등)과 결합하여 발달해 왔습니다.

난 피부로 호흡하지. 내 피부는 촉촉하니까.
난 아가미로 호흡해. 물속에서 사니까 호흡엔 문제없어.

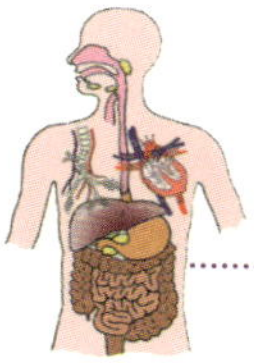

세포도 숨을 쉬어요

폐포에서 얻은 산소는 혈관을 따라 몸 구석구석을 돌아다닙니다. 산소는 어디까지 이동할까요? 물론 머리에서 발끝까지 산소가 필요합니다. 우리 몸을 이루고 있는 아주 작은 곳까지 산소가 이동해요. 아주 작은 곳이라면 어디를 뜻할까요? 그곳은 바로 세포입니다. 세포가 사람의 몸을 이루는 가장 기본적인 단위이거든요.

세포의 구조

세포는 매우 복잡한 구조로 되어 있습니다. 세포 하나만으로 생명 활동을 유지하는 생물도 있을 정도입니다. "너 단세포 아니야?" 라고 친구를 놀릴 때가 있지요. 여기에서 말하는 단세포란 아메바나 짚신벌레같이 세포 하나가 생명체인 생물을 가리킵니다. 세포는 대체 어떻게 생겼기에 혼자서도 생명 활동을 할 수 있을까요?

우리 몸을 한번 떠올려 보세요. 에너지도 만들고, 일부 영양분을 합성하기도 합니다. 생명 활동을 하고 필요 없는 노폐물을 내보내기도 하지요. 세포도 이러한 완전한 하나의 생명체와 같습니다.

식물세포와 동물세포는 모양이 조금 다르기는 하지만 둘 다 세포막으로 둘러싸여 있습니다. 세포막은 세포의 가장 바깥에 있는 막으로서, 필요한 산

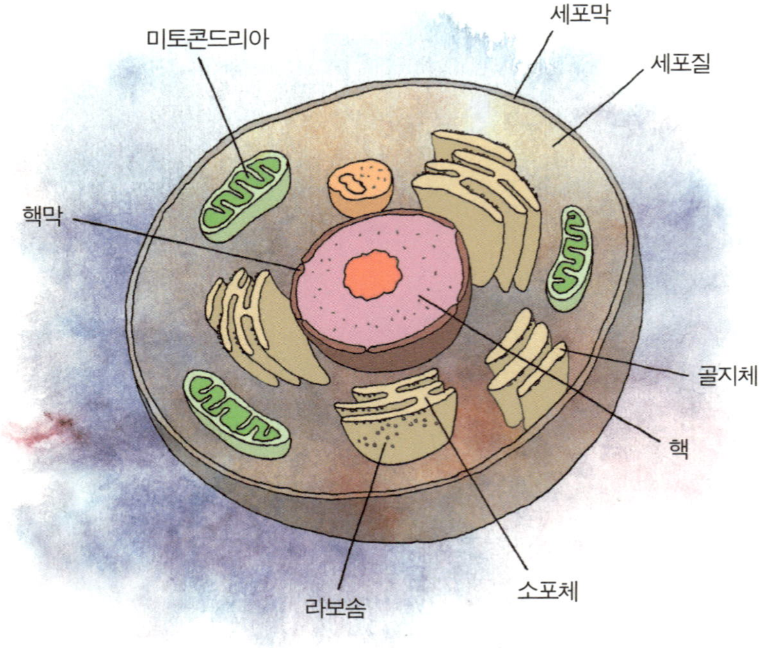

세포의 구조. 막으로 둘러싸인 세포 안에서 명령을 내리는 핵과 에너지를 만드는 미토콘드리아, 단백질을 만드는 리보솜 등 여러 가지가 서로 도우며 생명 활동을 유지하고 있다.

소와 양분을 안으로 들여오고 필요 없는 이산화탄소와 노폐물은 내보내는 문 역할을 합니다. 또한 세포 안의 여러 기관들도 보호해요.

세포에서 가장 중요한 역할을 하는 것은 핵입니다. 핵 속에는 그 사람의 유전정보가 들어 있습니다. 곱슬머리, 쌍꺼풀, 평발, 배꼽참외 모두 핵 속에 들어 있는 유전정보가 결정합니다. 이렇게 중요한 핵을 그냥 두었다가 고장 나면 큰일이겠지요. 그래서 핵 주위에는 많은 기관과 함께 액체로 된 세포질이 있습니다. 세포질 속에는 핵 이외의 명령에 따라 단백질을 만드는 리

유전정보

모습이나 성질이 부모님에서 자식에게 물려주는 일정한 양식을 말합니다. 이 양식에 따라 머리카락, 손가락 모양, 얼굴색 등 내 몸에 여러 가지 현상이 나타납니다.

세포가 포도당을 쪼개어 미토콘드리아에 넣는 과정에서 ATP를 얻는다.

보솜이 있고, 리보솜에서 만든 단백질을 이동시키는 소포체가 들어 있습니다. 또 세포가 숨 쉬게 하는 미토콘드리아라는 기관도 있습니다. 미토콘드리아는 세포를 호흡하게 만들어 우리에게 필요한 에너지를 만들어 줍니다.

미토콘드리아가 에너지를 만드는 과정

자동차가 달리기 위해서는 휘발유라는 연료가 필요하지요? 세포도 에너지를 내기 위해서 녹말이 분해되어 생긴 포도당을 사용합니다. 세포는 주위에 포도당이 있으면 재빨리 안으로 끌어들여 포도당을 쪼갭니다. 이렇게 쪼갠 포도당을 다시 미토콘드리아로 넣어 줍니다. 이 과정에서 세포는 ATP를 얻습니다.

ATP란 예금 통장에 비유할 수 있습니다. 부모님이 한 달 동안 열심히 일해서 월급을 받으면, 그 월급을 하루에 다 쓰지 않고 통장에 넣어 두었다가 필요할 때마다 찾아 써요. 이와 마찬가지로 세포는 포도당을 분해해서 만든 에너지를 ATP에 저장했다가 필요할 때마다 꺼내 씁니다.

내호흡과 외호흡

우리가 호흡하는 가장 중요한 이유는 에너지를 만들기 위해서입니다. 따라서 세포에서 하는 호흡이야말로 우리 몸에서 가장 중요한 일입니다. 이렇게 중요한 일을 '내호흡'이라고 합니다. 세포가 호흡할 때 필요한 산소는 허파에서 줍니다. 더 정확히 말하면, 허파와 모세혈관이 산소와 이산화탄소를 교환하는 것이지요. 이러한 기체 교환을 '외호흡'이라고 합니다.

TIP 요건 몰랐지?

딸꾹질은 왜 할까요?

딸꾹질이란, 횡격막(배와 가슴 사이를 분리하는 근육)이 수축하여 숨이 방해를 받아 목구멍에서 이상한 소리가 나는 증세입니다. 음식을 너무 빨리 먹거나 긴장했을 때, 추운 곳에 오래 서 있을 때 등 여러 가지 이유로 횡격막을 제어하는 신경이 자극을 받을 때 나타납니다.

횡격막이 수축하면 공기가 들어오고, 목구멍 뒤쪽에 있는 성대 사이의 간격이 갑자기 닫히면서 딸꾹질 소리가 납니다. 태어난 지 한두 달밖에 되지 않은 아기들은 에어컨 바람 같은 아주 작은 자극에도 딸꾹질을 합니다.

딸꾹질을 멈추기 위해 가장 많이 쓰는 방법은 잠시 숨 쉬기를 멈추는 것입니다. 안으로 산소가 들어오지 않고 밖으로 이산화탄소가 나가지 않으면 혈액 안의 이산화탄소의 농도가 높아집니다. 이를 제어하기 위해서 빨리 호흡하게 되므로 딸꾹질이 멈춥니다.

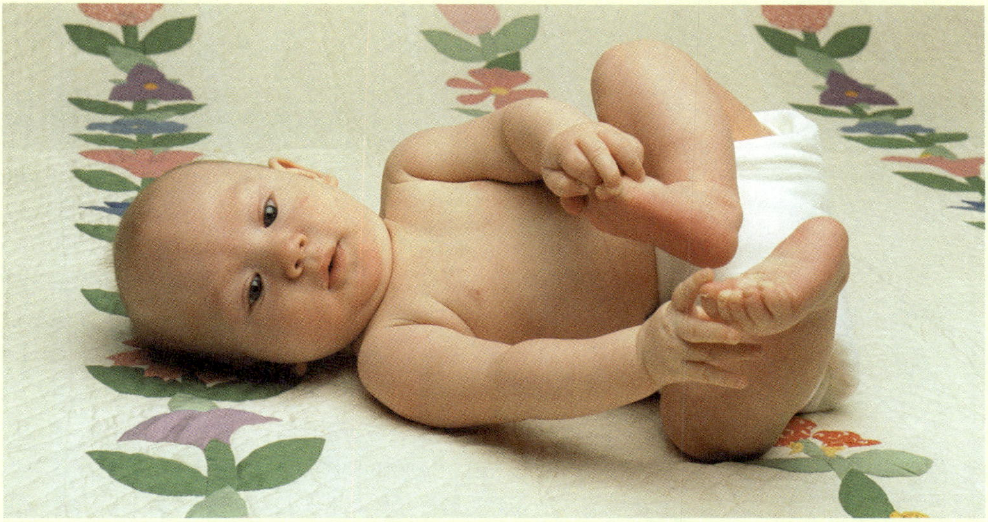

태어난 지 한두 달밖에 안 된 신생아는 에어컨 바람 같은 아주 작은 자극에도 딸꾹질을 한다.

Q&A 꼭 알고 넘어가자!

문제 1 사람의 콧구멍이 두 개인 이유는 무엇인가요?

문제 2 목구멍의 기도와 식도는 어떻게 음식물과 공기를 구분하여 넘기나요?

3. '확산'이라는 현상 때문입니다. 확산이란 농도가 높은 곳에서 낮은 곳으로 물질이 이동하는 현상을 말합니다. 몸속의 산소는 우리가 필요할 때마다 써 버리기 때문에 바깥쪽 공기보다 산소량이 적을 수밖에 없습니다. 자연히 산소는 산소가 많은 폐포에서 산소가 적은 혈관 쪽으로 다시 이동하게 됩니다.

4. 미토콘드리아는 세포가 호흡하게 만들어 우리에게 필요한 에너지를 만듭니다. 세포는 에너지를 내기 위해서 우리가 먹은 음식물 중 포도당을 사용합니다. 세포는 주위에 포도당이 있으면 재빨리 안으로 끌어들이고 포도당을 쪼갭니다. 이렇게 쪼갠 포도당을 다시 미토콘드리아에 넣어 주지요. 이 과정에서 세포는 ATP를 얻고, 포도당을 분해해서 만든 에너지를 ATP에 저장했다가 필요할 때마다 꺼내 씁니다.

문제 3 허파의 폐포는 혈관으로 어떻게 산소를 옮겨 주나요?

문제 4 세포 속의 미토콘드리아는 어떻게 에너지를 만드나요?

정답

1. 호흡은 쉴 새 없이 항상 해야 하기 때문입니다. 콧속의 털과 점액질은 공기에 포함된 먼지나 세균을 걸러 줍니다. 만약 잠시도 쉬지 못하고 이 일을 해야 한다면 코가 너무 지치겠지요. 그래서 양쪽의 콧구멍이 일을 번갈아 합니다. 한쪽이 서너 시간 정도 일하고 나면 반대편 코가 다시 같은 일을 반복합니다.

2. 목구멍에는 기도와 식도 두 가지의 구멍이 있는데, 음식물은 식도로 공기는 기도로 넘어갑니다. 공기와 음식물이 제 갈 길로 가는 것은 후두덮개 때문입니다. 후두덮개가 목구멍을 덮어서 기도를 막기 때문에 음식물은 기도로 넘어갈 수 없습니다. 가끔 음식물이 기도로 넘어가도 재채기를 통해 음식물을 토해 냅니다. 이런 현상을 우리는 '사레 걸렸다.'라고 표현합니다.

관련 교과

초등 3학년 2학기 3. 혼합물의 분리
초등 5학년 2학기 2. 용액의 성질
중학교 2학년 4. 소화와 순환

4. 순환

엄마 배 속에 아기가 생겼을 때, 아기 몸은 어디부터 만들어질까요? 뇌, 심장, 그리고 나머지 순서입니다. 발이나 배가 아니라 뇌와 심장이 가장 먼저 만들어진 이유가 있습니다. 몸에서의 순환을 살펴보면 왜 태아의 뇌와 심장이 가장 먼저 만들어지는지 알게 될 것입니다.

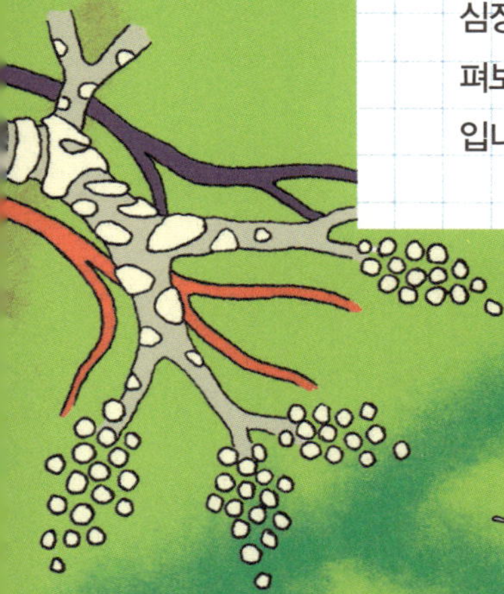

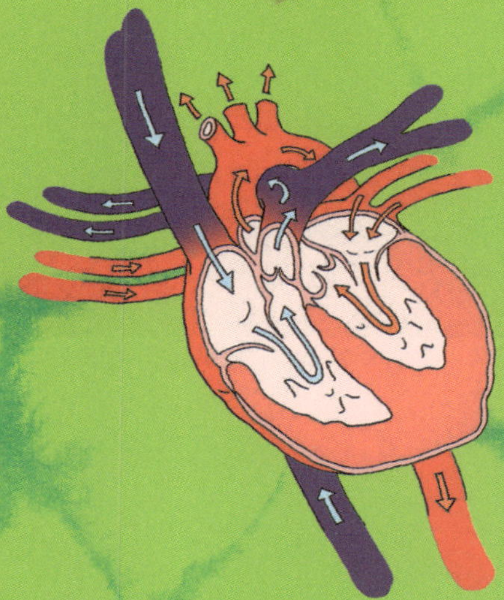

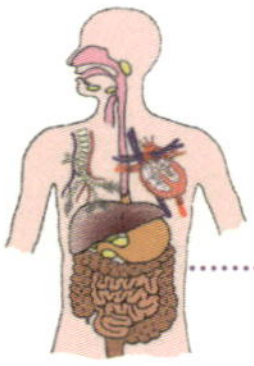

잘 만들어진 길, 혈관

혈관이 푸르게 보이는 이유

사람의 몸은 손톱이나 머리카락 같은 곳을 빼고 상처가 나면 피가 흐르게 되어 있습니다. 우리 몸 어디에나 혈액이 흐른다는 증거입니다. 손등을 가만히 들여다보세요. 푸른색 혈관이 보이나요? 그런데 좀 이상한 점이 있습니다. 피는 붉은색인데 혈관은 왜 푸른색일까요?

우리가 눈을 통해 볼 수 있는 혈관은 대부분 정맥입니다. 정맥은 이산화탄소와 노폐물을 많이 포함하고 있어요. 혈액은 노폐물이나 이산화탄소가 많아지면 검붉은색으로 변하는데, 이 검붉은색이 피부의 색과 혼합되어 푸른색으로 보입니다.

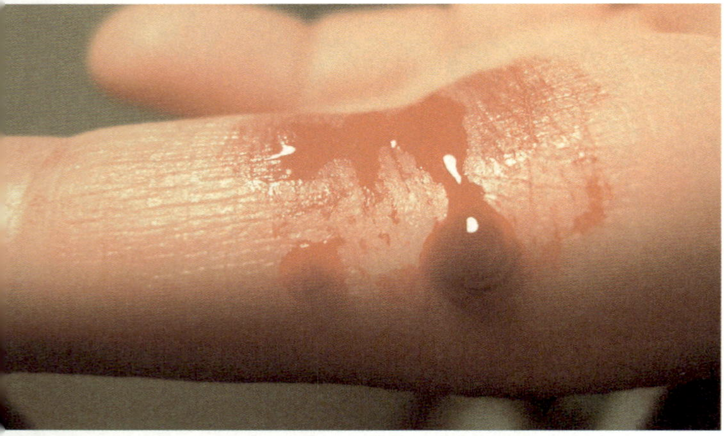
우리 몸 어디에나 혈액이 흘러 상처가 나면 피가 흐른다.

음식을 급하게 먹거나 추울 때 먹으면 체하곤 하지요. 소화기관에 산소가 충분히 공급되지 않았기 때문입니다. 그렇게 체했을 때 여러분은 어떻게 하나요? 약을 먹기도 하지만 어른들은 손끝을 바늘로 찔러 피를 뽑아 내기도 합니다. 이

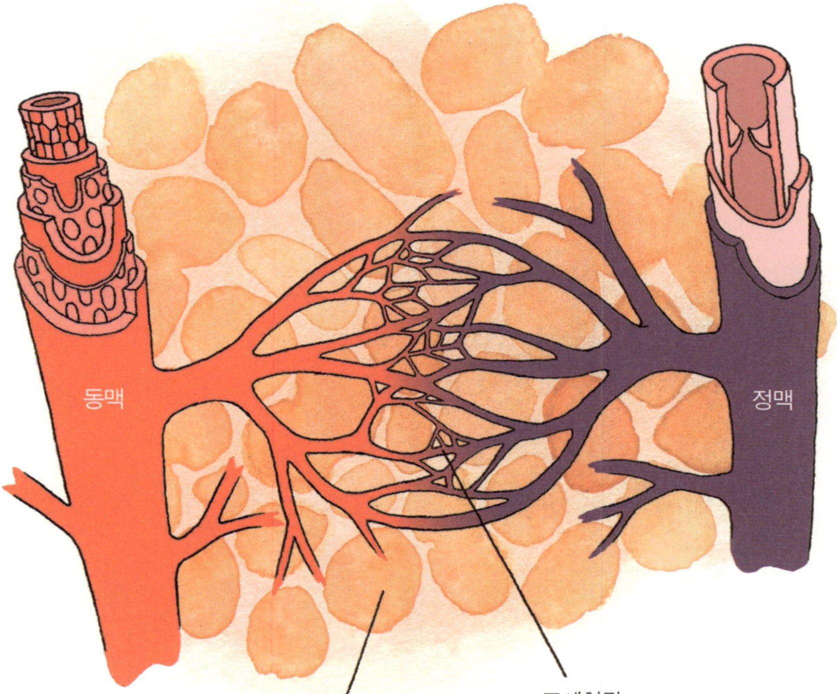

때 흘러나오는 피는 조금 검붉은색입니다. 산소가 부족해서입니다.

정맥과 동맥

정맥은 심장에서 가장 멀리 있습니다. 혈액은 동맥을 지나 모세혈관을 따라 정맥으로 흘러들어 오기 때문입니다. 그래서 정맥의 혈압이 가장 낮습니다. 혈압이 가장 센 혈관은 무엇일까요? 네, 동맥입니다. 심장에서 펌프질을 하면 가장 먼저 동맥을 따라 온몸으로 흘러가기 때문이에요. 동맥은 심장에서 한꺼번에 많은 혈액을 쏟아부어 주면 그 높은 압력을 견뎌야 하기 때문에 두껍고 탄탄하지요. 수도꼭지에 호스를 끼우고 재빨리 세게

틀어 보세요. 너무 압력이 세면 호스가 빠져 버려요. 동맥도 이와 마찬가지여서 몇 겹으로 되어 있습니다.

모세혈관

우리 몸에 가장 많이 분포되어 있는 혈관은 모세혈관입니다. 모세혈관은 실처럼 퍼져 있는 아주 가느다란 혈관입니다. 굉장히 얇은 데다 한 겹으로만 되어 있어서 온몸의 조직에 산소와 영양을 공급하는 데에 적당합니다.

만약 우리 몸 구석구석에 있는 혈관을 모두 이으면 그 길이가 얼마나 될까요? 놀랍게도 약 10만km나 된다고 합니다. 한 사람이 가지고 있는 혈관이 지구 두 바퀴 반을 돌릴 정도의 길이라고 하니 정말 굉장하지요.

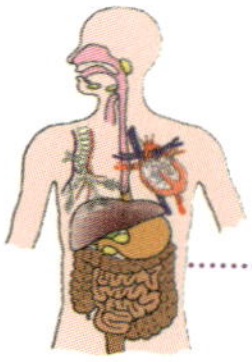

쉬지 않고 뛰는 심장

허파는 근육이 없기 때문에 스스로 운동할 수가 없습니다. 하지만 심장은 다릅니다. 막 잡은 새우가 팔딱팔딱 뛰듯이 심장도 그렇게 움직입니다. 심장은 탄탄한 근육으로 이루어져 있고, 혼자서 쉼 없이 운동합니다.이러한 심장에 대해 자세히 알아볼까요?

심장의 구조

여러분에게 만약 심장을 그리라고 하면 어떤 모양으로 그리겠어요? 보통 사람들은 하트 모양을 그립니다. 하트 모양은 두 원이 겹쳐진 듯 두 부분으로 나뉘어 보이지요. 실제로 심장이 하트 모양처럼 생겼을까요? 사람의 심장은 나란히 붙어 있는 이층집 두 채로 비유하면 이해하기 쉽습니다. 오른쪽 집은 온몸을 돌고 온 정맥피가 들어와서 폐로 나가는 곳이고, 왼쪽 집은 동맥피가 들어와서 온몸으로 나가는 곳입니다.

이처럼 심장은 얼핏 한 덩어리로 보이지만 크게 두 부분으로 나뉘어 있습니다. 왼쪽 집이 우심방

심방

심장에 있는 네 개의 방 가운데 위쪽에 있는 두 개의 방을 말합니다. 우심방은 대정맥과, 좌심방은 폐정맥과 연결되어 있어요.

심실

심장의 네 개의 방 가운데 아래쪽에 있는 두 개의 방을 말합니다. 우심실은 폐동맥과 연결되어 있고, 좌심실은 대동맥과 연결되어 있습니다. 몸의 혈액 순환이 이 두 심실에서 시작됩니다.

■ 심장의 구조

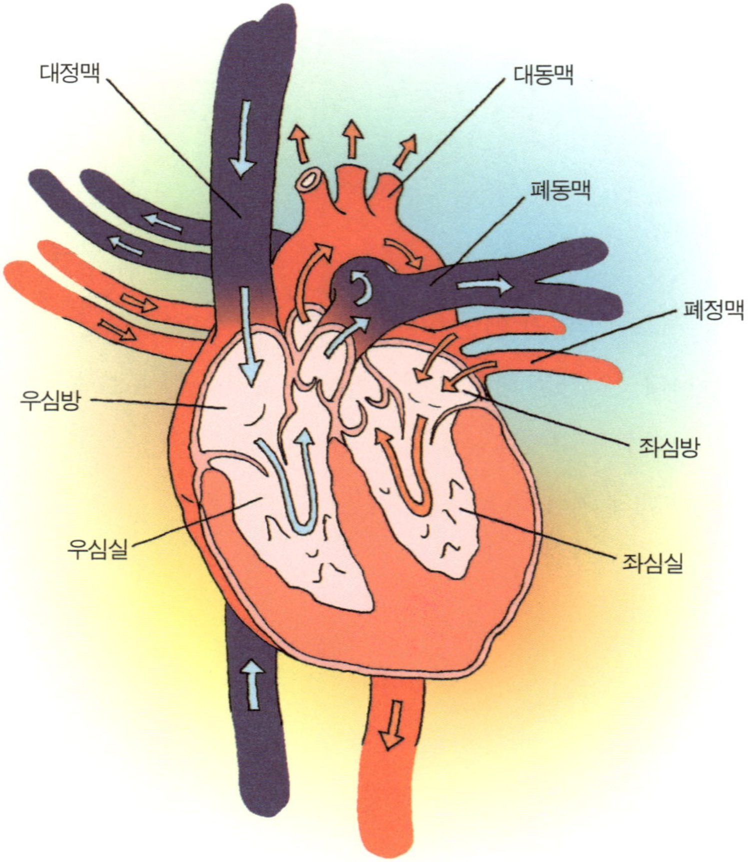

·우심실이고, 오른쪽 집이 좌심방·좌심실입니다. 우심방, 좌심방이 위층에 해당하고 우심실, 좌심실이 아래층에 해당합니다.

그런데 무엇인가 좀 이상하지 않나요? 우리는 대개 오른손으로 밥을 먹는데 왼쪽이 우심방이라니요. 심장은 우리와 마주 보고 있는 것이 아니라 내 가슴 속에 있잖아요. 그러니 우리 손의 방향과는 반대여야 맞습니다.

좌심방·좌심실·우심방·우심실 중에서 가장 두껍고 탄탄한 곳은 어디일까요? 좌심실이에요. 좌심실은 대동맥과 연결되어 있습니다. 대동맥이란 우리 몸 전체로 피를 내보내 주는 동맥의 본줄기입니다. 심장의 펌프질로 손끝과 발끝까지 혈액을 보내려면 그 힘은 굉장히 세야겠지요. 그래서 좌심실은 다른 곳보다 더 힘차게 펌프질을 합니다.

그런데 좌심실이 혈액을 내보내기 위해서 펌프질을 하다가 혹시 대동맥으로 보내지 못하고 거꾸로 좌심방으로 혈액이 흘러들어 간다면 어떻게 될까요? 혈액이 순환되는 질서가 아주 엉망이 될 것입니다. 하지만 걱정할 필요 없습니다. 심장의 심방과 심실 사이에는 판막이 있기 때문입니다. 집의 방문을 생각해 보면 이해하기 쉽습니다. 방문은 안쪽에서 열든 바깥쪽에서 열든 한 방향으로만 열리지요. 이처럼 심장의 심방과 심실 사이에는 방문 같은 판막 구조가 있기 때문에 혈액이 거꾸로 흐를 염려가 없습니다. 이러한 판막은 정맥 안에도 있습니다. 정맥은 혈관 중에서 혈압이 가장 낮기 때문에 혈액이 순환되는 도중 혈액이 거꾸로 흐를 수도 있습니다. 다른 혈관에는 없는 판막이 정맥에만 있는 이유가 바로 이 때문입니다.

심장박동

우리 심장은 쉴 새 없이 뛰고 있습니다. 이것이 바로 심장박동입니다. 심장박동은 심방에서 시작합니다. 심방에는 심장박동을 조율하는 박동원이 있습니다. 박동원이 혈액에 자극을 받으면 이 자극이 심방을 따라 방실결절로 전달됩니다. 방실결절은 심방을 줄어들게 합니다. 그

방실결절
우심방과 우심실 경계 쪽에 있는 심장 근육 세포의 덩어리를 말합니다. 심방과 심실의 수축을 늦추어 펌프 작용이 더 잘 되도록 합니다.

러고 난 뒤 다시 양쪽 두 심실을 줄어들게 하여 심방과 심실이 번갈아 가면서 늘었다 줄었다를 반복하게 하지요. 이런 과정을 통해서 심장이 박동하게 됩니다.

혈액이 순환되는 과정

우리 몸에서 산소는 어디에서 받아 온다고 했지요? 네, 허파입니다. 허파는 폐포로 이루어져 있고, 그 주위를 모세혈관이 둘러싸고 있습니다. 모세혈관을 통과한 산소는 혈액 속의 적혈구에 붙어서 폐정맥을 통해 허파에서 빠져나갑니다. 폐정맥으로 들어온 혈액은 어디로 가야 할까요? 바로 심장입니다. 우리 몸의 구석구석 산소가 필요한 곳으로 이동하려면 심장으로 가서 온몸으로 흘러가는 혈관으로 갈아타야 하니까요.

이때 폐정맥을 따라 들어온 혈액은 좌심방으로 들어갑니다. 산소를 잔뜩 가지고 심장으로 들어온 혈액은 이제 심장의 힘찬 펌프질로 대동맥을 따라 심장을 떠납니다. 심장에서 떠난 혈액은 몸의 여러 장기로 들어가요. 산소를 품은 혈액은 소화기관에 들러 산소를 공급해 줍니다. 또한 신장은 물론이고, 뇌에서도 세포가 호흡하는 데에 산소가 필요하므로 혈액은 우리 몸 전체를 돌아다닙니다. 산소를 품은 혈액이 몸 전체를 돌면서 산소를 주면 세포들이 산소를 사용하고, 세포에서 나온 노폐물과 이산화탄소를 다시 혈액에 실어 줘요. 그러면 이 혈액은 심장을 향해 열심히 달려와 대정맥에서 다시 모입니다. 그리고 심장으로 들어가지요. 이때 이 혈액을 받아 주는 곳이 우심방입니다.

혈액이 우심방에 너무 많이 모이면 우심실로 쏟아집니다. 그러면 우심실은 이산화탄소가 많은 이 혈액을 산소가 많은 깨끗한 혈액으로 바꾸기 위해 폐동맥을 따라 허파로 이동시킵니다. 혈액이 허파로 다시 돌아오는 것입니다.

심장은 이렇게 우리 몸의 구석구석에 필요한 산소를 온몸에 보내 줍니다. 우리가 잠자는 순간에도, 게으름 피우는 순간에도 부지런한 심장은 열심히 운동합니다. 그러니 이런 중요한 일을 담당하는 심장이 병나지 않도록 특별히 노력해야 합니다.

TIP 요건 몰랐지?

척추동물의 심장 구조

동물의 진화 과정을 살펴보면 척추동물은 같은 조상에서 시작되었다고 합니다. 예를 들면, 엄마의 몸에서 아기가 생겼을 때 아기의 모습은 올챙이와 비슷해요. 사람뿐만 아니라 물고기나 악어, 심지어 조류인 새까지도 처음 발생했던 모습을 보면 모두 올챙이와 비슷해요. 그래서 사람들은 척추동물이 모두 같은 조상에서 진화되었다고 믿고 있어요.

척추동물 중 조금 더 많이 진화한 동물일수록 더 발달된 구조를 가지고 있습니다. 이 사실은 심장 구조에서 잘 나타납니다. 척추동물은 '어류－양서류－파충류－조류－포유류'의 순서로 발달되었다고 봅니다. 이 순서대로 심장 구조를 살펴볼까요? 어류는 1심방 1심실, 양서류는 2심방 1심실, 파충류는 심방은 2개이지만 심실이 반만 나뉘어 있는 2심방 불완전 2심실, 조류와 포유류는 2심방 2심실로 되어 있습니다.

모든 포유류는 2심방 2심실의 심장 구조를 가지고 있고, 그보다 하등한 동물은 발달이 덜 된 단순한 심장 구조를 가지고 있습니다.

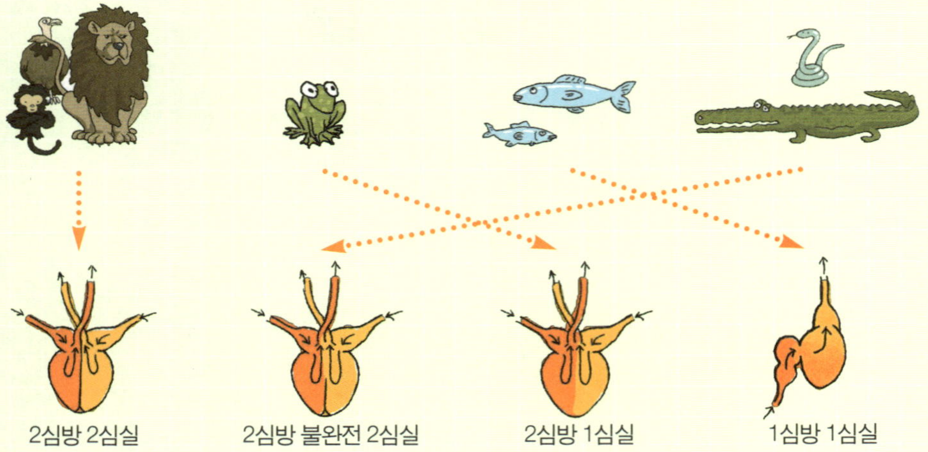

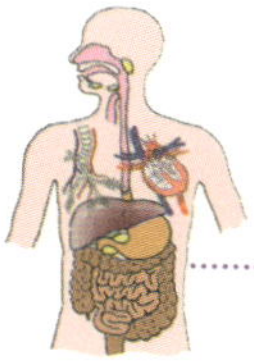

혈액의 구성 성분

혈액 속 고체, 혈구

앞에서 우리는 산소가 적혈구에 붙어서 이동한다고 배웠습니다. 그렇다면 적혈구란 무엇인가요? 몸에 병이 나서 병원에 갔을 때 받아야 하는 검사 중에는 혈액 검사도 있습니다. 혈액을 뽑아서 현미경으로 들여다보는 일이에요. 현미경으로 혈액을 보면 여러 가지 고체가 보입니다. 혈액은 액체로만 되어 있지 않습니다.

혈액을 담은 시험관을 원심분리기에 넣고 힘차게 돌리면 빨갛게 생긴 고체 성분은 아래로 가라앉고 맑은 액체 성분이 위로 동동 뜹니다. 이렇게 밑

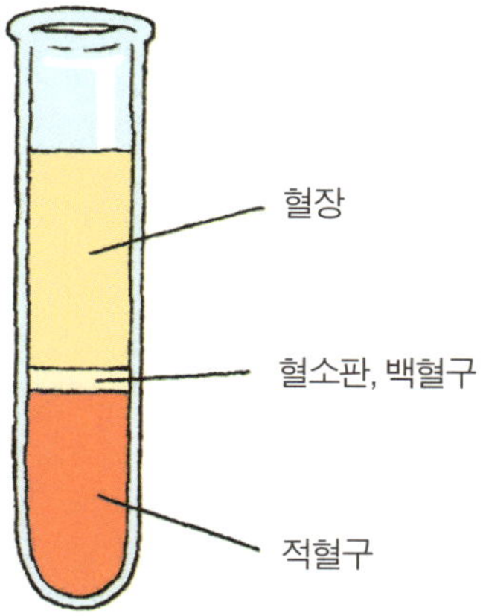

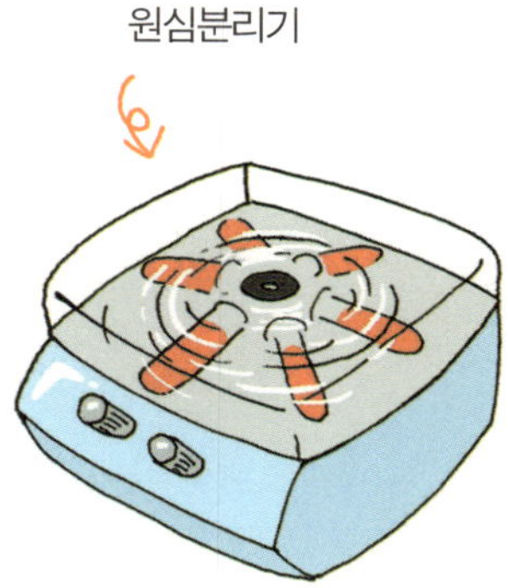

원심분리기로 혈액을 분리하면 고체인 혈구는 아래로 가라앉고 액체인 혈장은 위로 뜬다.

원심분리기

원심력을 이용하여 성분이나 비중이 다른 물질들을 분리하고, 정제하고, 농축하는 기계입니다. 중력에 의해 무거운 물질은 먼저 가라앉고, 가벼운 물질은 나중에 가라앉습니다.

으로 가라앉는 고체 성분을 혈구라고 부르고, 위의 액체 성분을 혈장이라고 합니다. 혈장은 대부분 물로 되어 있어요. 이 때문에 혈장은 우리 몸에 여러 가지 영양분을 운반하는 역할을 담당할 수 있습니다. 이산화탄소도 혈액을 따라 이동한다고 했던 것 기억하나요? 몸에서 이동하는 대부분이 혈장을 따라 움직입니다. 병원에 입원하면 링거주사를 맞지요. 이 링거주사도 혈장의 농도를 맞추기 위해서 맞습니다.

그런데 병원에서는 약을 먹으면 되는데 왜 굳이 링거주사를 놓아 줄까요? 그 이유는 소화 때문입니다. 먹는 약은 대부분 소장을 통해 흡수되어 간을 거쳐 심장으로 오는데, 간은 우리 몸에서 독을 없애는 역할을 하기 때문에 약물의 성분이 변할 수 있습니다. 치료 부위에 도달하기 전에 약물의 효과가 사라질 수도 있다는 뜻입니다. 하지만 주사는 간을 통과하지 않고 혈액에 섞여 심장으로 곧장 가기 때문에 약물의 성분이 변하는 경우는 매우 드뭅니다. 하지만 이 주사는 전문가만 놓을 수 있으므로 사람들은 주로 약을 먹어서 치료해요.

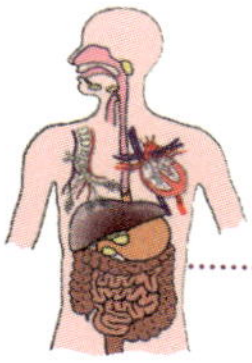

적혈구, 백혈구, 혈소판

적혈구와 헤모글로빈

혈액을 이루는 고체 중 가장 궁금한 것이 적혈구입니다. 산소가 적혈구를 따라 움직이니까요. 적혈구는 빨간색에 동글동글한 모양입니다. 적혈구가 빨간 이유는 그 속에 헤모글로빈이라는 색소가 있기 때문이에요. 헤모글로빈은 철을 포함하는 빨간 색소인 '헴'과 단백질인 '글로빈'의 화합물로서 산소와 쉽게 결합하는 성질이 있어요. 주로 척추동물의 호흡에서 산소 운반에 중요한 역할을 한답니다. 빈혈이 생기는 것도 헤모글로빈과 관련이 있어요. 철분이 부족하면 헤모글로빈에 산소가 붙을 수 없고, 그러면 뇌에 산소를 공급할 수 없기 때문에 빈혈이 생깁니다.

높은 산지에 사는 사람은 낮은 곳에 사는 사람보다 적혈구가 많습니다. 높은 곳으로 가면 공기가 부족하잖아요. 필요한 산소의 양은 같은데 주변에 산소가 적다 보니 적혈구 수를 늘려 몸에 산소를 많이 잡아 두는 것입니다.

백혈구와 백혈병

백혈구는 혈액에 있는 여러 혈구 중에서 유일하게 핵을 가지고 있고, 아메바처럼 생겼어요. 운동도 아메바처럼 몸을 찍찍 늘리며 합니다.

백혈구라는 말은 생소해도 백혈병이라는 말은 자주 들어 봤을 거예요.

백혈구는 돌아다니면서 맹장염, 비염, 방광염, 감기의 균들을 잡아먹습니다. 만약 우리가 맹장염에 걸렸다면 감기 균을 잡아먹기 위해 백혈구 수가 평소보다 많이 증가해 있을 거예요.

그렇다면 백혈병은 왜 걸릴까요? 균을 없애는 백혈구 수가 적어져일까요? 그렇게 생각하기 쉽지만 사실은 그 반대입니다. 백혈구 수가 너무 많이 증가해서 걸린 병입니다. 백혈구 수가 많으면 좋을 듯하지만 백혈병은 정상적인 백혈구가 아니라 미성숙한 백혈구가 증가한 현상입니다. 혈액 암이라고 할 수 있어요. 미성숙한 백혈구 수가 정상 백혈구를 잡아먹어서 몸에 필요한 백혈구의 수가 줄어들어 버립니다.

백혈병이라는 이름은 처음 백혈병을 발견한 사람이 환자를 부검했을 때 피가 하얗게 보였다고 해서 붙여졌습니다. 실제 피가 하얀색일 수는 없겠지요.

부검

사람이 죽었을 때 그 원인을 밝히기 위해 시체를 해부하고 검사하는 일을 말합니다.

이 백혈병을 치료하기 위해서는 골수를 이식해야 합니다. 골수는 백혈구와 적혈구를 만드는 곳으로서 척수 속에 있습니다.

혈소판과 피딱지

길을 가다가 넘어져서 팔꿈치나 무릎에 상처가 생기면 피가 납니다. 그런데 조금 있으면 피가 멈추고 딱지가 져요.

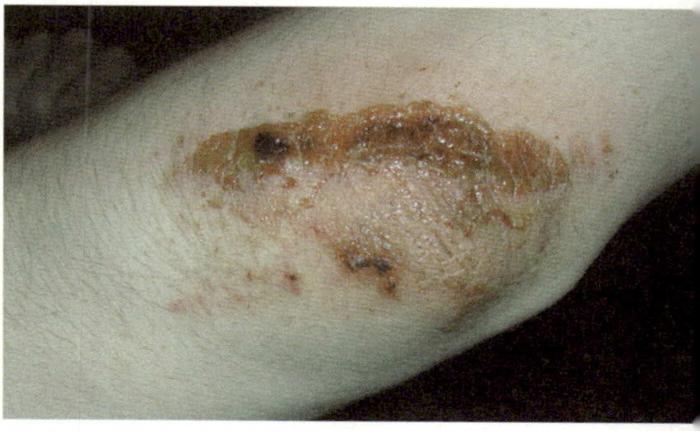

상처가 난 곳에 피딱지가 지는 것은 혈소판 때문이다.

딱지가 생기는 이유는 무엇일까요? 혈소판 때문입니다. 몸에 상처가 나면 혈관이 파괴되어 혈액이 몸 밖으로 나오게 되고, 혈액 속에 있던 혈소판이 파괴되면서 트롬보키나아제라는 물질을 분비합니다. 트롬보키나아제에 의해 혈액 속의 여러 물질이 변화를 일으켜 혈구와 엉겨 붙어 버립니다. 이때 만들어진 것을 혈병이라고 합니다. 흔히 피딱지라고 불러요.

그런데 피딱지가 생기지 않는 사람도 있습니다. 혈소판처럼 혈액을 굳게 하는 요소를 갖지 못하고 태어나는 사람들이 있거든요. 이런 병을 혈우병이라고 합니다. 혈우병을 앓는 사람들은 혈액이 잘 응고되지 않거나 아주 느리게 응고되어 큰 사고가 나면 생명을 잃을 수도 있습니다. 또 혈우병은 유전으로 생기기 때문에 혈우병에 걸린 사람이 결혼해서 아이를 낳으면 자식도 이 병에 걸릴 수 있습니다.

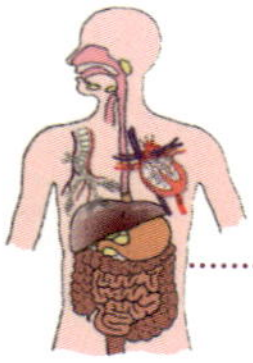

백혈구는 내 몸을 어떻게 지키나요?

몸이 아프면 백혈구 수가 증가합니다. 그런데 이 백혈구는 종류가 다양합니다. 그중 대식세포라는 것이 있는데, 단핵구라는 백혈구 중의 하나가 자라서 만들어지는 세포입니다. 대식세포는 일단 몸에 균이 들어오면 재빨리 달려가 균을 먹어 치우는 역할을 합니다. '대식'이라는 말 그대로 많이 먹는 세포입니다.

그런데 이보다 더 빨리 세균이 침입한 부위에 달려가는 백혈구가 있습니다. 바로 중성 백혈구입니다. 세균과 가장 강력하게 싸우는 백혈구로서, 싸우면서 거의 다 죽어 버립니다.

백혈구 중에는 직접 세균과 싸워 우리 몸을 보호하는 세포도 있지만 세균을 기억하게 하는 세포도 있습니다. 이 세포를 림프구라고 합니다. 림프구는 우리 몸에 세균이 들어왔을 때 그 세균을 기억하고, 다시 똑같은 세균이 들어오면 항체를 재빨리 만들어 균의 번식을 막아 줍니다. 원래 우리 몸은 처음 들어온 균은 기억하지 못하기 때문에 천천히 항체를 만듭니다. 그래서 병에 걸리기도 해요. 하지만 다시 그 병균이 우리 몸에 들어오면 림프구가 만들어 놓은 기억 때문에 아주 빠른 시간 안에 항체를 만들어 우리 몸을

항원과 항체

몸속에 침입하여 항체를 만들게 하는 단백성 물질을 항원이라 하고, 이와 결합하여 항원이 활동할 수 없게 만드는 것을 항체라고 합니다.

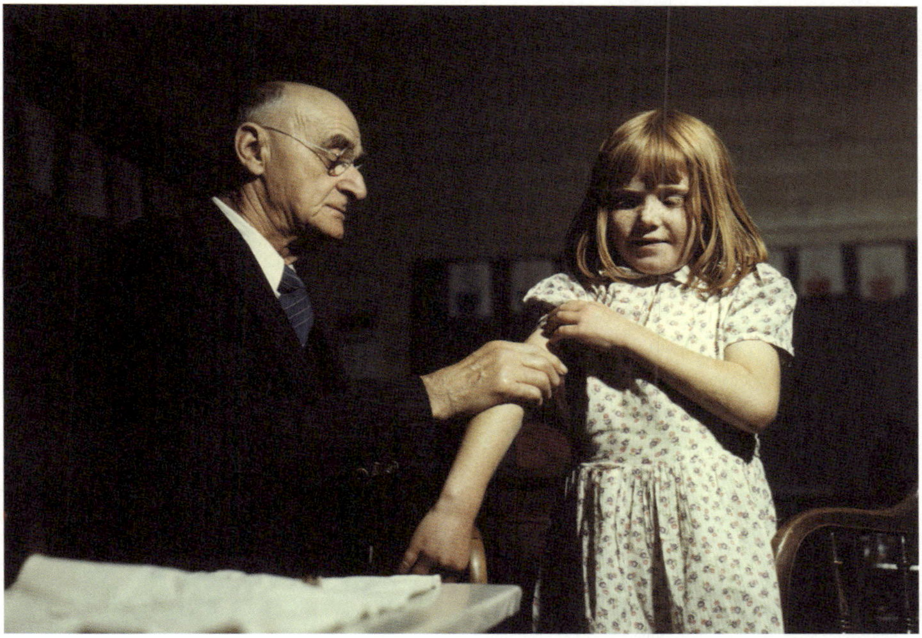

한번 침입했던 세균에 대해 림프구의 성질을 응용해 백신을 만들며, 우리는 백신 주사약으로 각종 예방 접종을 한다.

보호할 수 있습니다. 어른이 어린이보다 감기나 비염 같은 질병에 덜 걸리는 것도 바로 림프구가 세균을 기억한 덕분입니다.

백신은 림프구의 이런 성질을 이용해 만듭니다. 간염 백신, 인플루엔자 백신, 여러 가지 예방 접종 주사 모두 백신을 이용합니다. 아주 약한 균을 몸속에 넣어 주어 항체를 미리 만들어 기억했다가, 진짜 균이 몸에 많이 들어왔을 때 항체를 빨리 만들게 하여 질병에 걸리지 않게 해 줍니다.

이렇게 우리의 몸은 균으로부터 몸을 지키는 능력이 있지만 너무 피곤하거나 약해지면 세균은 아주 활발히 움직이면서 우리를 괴롭힙니다. 그러므로 병에 걸리지 않도록 영양분을 골고루 충분히 섭취하고, 꾸준히 운동하여 몸을 튼튼히 하는 것이 건강을 지키는 가장 좋은 방법입니다.

Q&A 꼭 알고 넘어가자!

문제 1 손등을 자세히 보면 푸른 혈관이 보입니다. 피는 빨간색인데 눈에 보이는 혈관은 왜 푸른색일까요?

문제 2 어떻게 우리의 몸 구석구석까지 산소와 혈액이 흐를 수 있을까요?

3. 백혈구는 질병의 원인이 되는 균을 잡아먹는 세포입니다. 백혈병은 백혈구가 없어서가 아니라 백혈구 수가 너무 많이 증가해서 걸리는 병입니다. 이 증가한 백혈구는 정상적이지 않은 미성숙한 백혈구입니다. 미성숙한 백혈구가 정상 백혈구를 잡아먹어서 몸에 필요한 백혈구의 수가 줄어들어 백혈병에 걸리게 됩니다.

4. 혈소판 때문입니다. 몸에 상처가 나면 혈관이 파괴되어 혈액이 몸 밖으로 흐르고, 혈액 속에 있는 혈소판이 파괴되면서 트롬보키나아제라는 물질을 분비합니다. 이 물질에 의해 혈액 속의 여러 물질이 변화를 일으켜 혈구와 엉겨 붙어 버립니다. 이때 만들어지는 것이 혈병입니다. 흔한 말로 피딱지라고 합니다.

문제 3 백혈구와 백혈병의 관계를 설명해 보세요.

문제 4 상처가 나 피가 나오는 곳에 피딱지가 앉는 이유는 무엇인가요?

정답

1. 우리가 눈을 통해 볼 수 있는 혈관은 대부분 정맥입니다. 정맥피는 이산화탄소와 노폐물을 많이 포함하고 있어서 검붉은색으로 변하고, 이 검붉은 혈액이 피부의 색 때문에 어두워져서 푸른색으로 보입니다.

2. 심장은 좌심방 · 좌심실, 우심방 · 우심실로 나뉩니다. 이 중 가장 두껍고 탄탄한 좌심실이 대동맥과 연결되어 있습니다. 대동맥은 우리 몸 전체로 피를 보내 주는 동맥의 본줄기입니다. 심장의 펌프질로 손끝 발끝까지 혈액을 보내기 위해서 좌심실은 다른 곳보다 훨씬 더 힘차게 펌프질을 합니다. 산소 역시 이 혈액을 타고 온몸으로 이동합니다. 허파와 모세혈관이 산소와 이산화탄소를 교환한 뒤 혈액을 타고 들어온 산소는 폐정맥을 타고 심장으로 갑니다. 심장으로 들어온 산소는 혈액과 함께 몸의 구석구석으로 이동해요.

관련 교과

초등 6학년 1학기 1. 빛

5. 감각 기관

컴퓨터는 마우스나 키보드로 정보를 입력하면 컴퓨터의 중앙처리 장치에서 입력 신호를 받아 다시 모니터나 프린터로 전달합니다. 우리 몸도 마찬가지입니다. 감각기관에서 자극을 받으면 신경을 따라 뇌로 전달됩니다. 그러면 뇌는 각 반응기로 명령을 내립니다. 우리 몸의 감각기관에는 무엇이 있을까요?

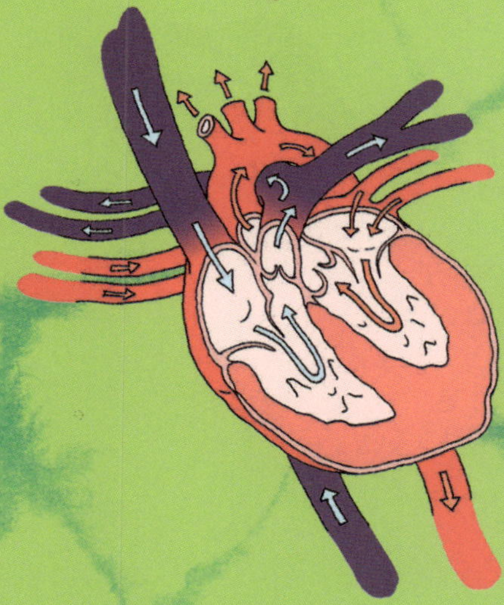

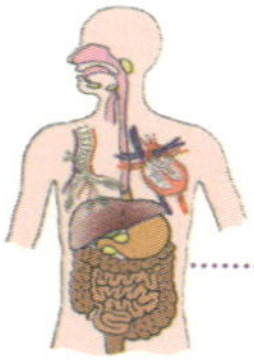

우리 눈은 카메라

우리 눈은 카메라와 같습니다. 카메라로 사진을 찍을 때 멀리 있는 배경을 잘 찍기 위해서 줌렌즈를 써요. 하지만 줌렌즈를 써도 배경이 너무 멀면 잘 보이지 않습니다. 우리 눈도 마찬가지입니다. 망원경을 사용하지 않으면 아주 멀리까지 보는 데에는 한계가 있습니다. 눈이 멀고 가까운 사물을 보는 원리는 무엇일까요?

눈은 동그란 원 모양입니다. 눈을 감고 눈 주위를 한번 만져 보세요. 동그란 눈이 만져지지요? 그 동그란 눈의 안쪽에는 액체가 채워져 있습니다. 이 액체를 유리체라고 합니다. 액체는 어디에 담지 않으면 쏟아지고 말지

■ 눈의 구조

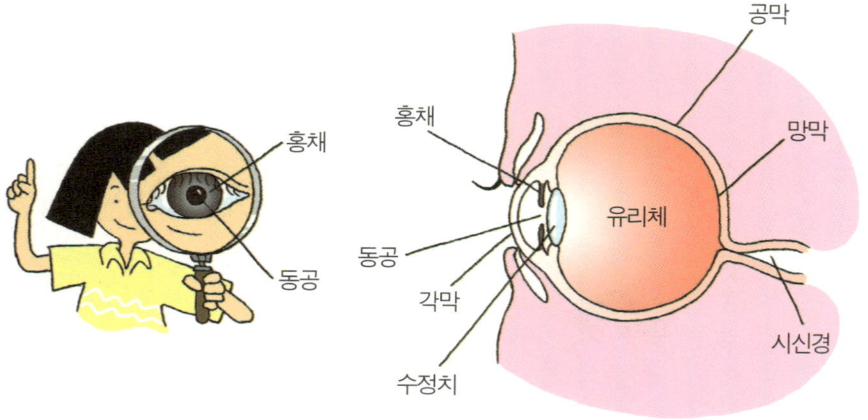

요. 우리 눈의 유리체도 쏟아질 수 있기 때문에 하얗고 딱딱한 막에 둘러싸여 있습니다. 이것을 공막이라고 부릅니다. 공막은 유리체가 흐르는 것도 막아주지만 눈 안을 보호하는 역할도 합니다. 흔히 눈동자를 제외한 부분을 흰자라고 표현하지요. 흰자도 공막의 일부입니다.

이 공막의 일부가 투명하게 눈의 가장 앞쪽을 덮고 있습니다. 이것을 각막이라고 합니다. 각막은 빛이 눈을 통과하는 최초의 관문입니다. 각막을 통과한 빛은 동공을 통해 볼록렌즈인 수정체를 통과합니다. 지금 옆에 있는 사람의 눈을 가만히 들여다보세요. 까만 눈동자 안에 좀 더 까만 원이 하나 더 보이지요? 이것이 동공입니다. 동공은 때에 따라 커졌다 작아졌다를 반복하면서 카메라의 조리개 역할을 담당합니다. 동공 뒤에 있는 수정체는 섬모체라는 근육에 의해 조절되면서 카메라의 렌즈 역할을 합니다. 먼 곳을 볼 때와 가까운 곳을 볼 때마다 두께가 달라져요. 이렇게 빛이 수정체를 통과하면 유리체를 지나 망막에 상이 맺힙니다.

망막은 사진기의 필름 역할을 합니다. 필름을 햇빛이 있는 곳에서 열어 버리면 필름에 빛이 들어서 못 쓰게 되지요? 필름과 마찬가지로 망막에도 빛이 들어가면 큰일이 납니다. 그래서 망막에 빛이 들어오는 것을 막아 주는 막이 하나 더 있습니다. 어둠상자인 맥락막으로서 공막과 망막 사이에 자리 잡고 있습니다.

줌렌즈

초점거리나 화상의 크기를 연속으로 변화시킬 수 있는 렌즈를 말합니다. 초점거리를 바꾸어도 핀트가 맞게 만들어져 있어 영화, 텔레비전 따위의 카메라에 쓰입니다.

조리개

사진기나 현미경에서 구멍의 크기를 조절하여 렌즈를 통과하는 빛의 양을 조절하는 원 모양의 기계 장치를 말합니다.

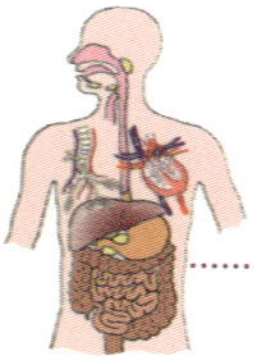

홍채의 두 가지 역할

눈동자 색을 결정하는 홍채

외국인의 눈동자 색은 파란색, 녹색 등으로 다양합니다. 또 어른들은 눈동자 색을 바꿔 주기 위해 콘택트렌즈를 눈에 끼기도 합니다. 어째서 이렇게 눈동자 색이 다양할까요? 또 어떻게 눈동자 색이 달라 보이게 할 수 있을까요?

그 비밀은 홍채에 있습니다. 눈동자를 보면 밖에 큰 원이 있고 안에 작은

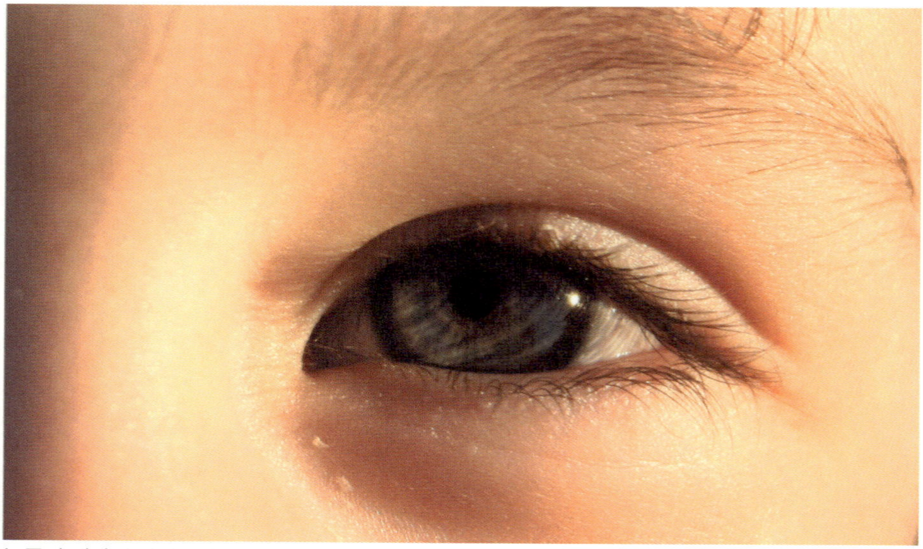

눈동자 색깔의 비밀은 홍채에 있다.

원이 있지요? 안에 있는 작은 원이 동공이고, 동공을 제외한 나머지 눈동자 부분이 홍채입니다. 홍채에는 색소가 들어 있습니다. 인종마다 그 색소가 조금씩 다르기 때문에 눈동자 색이 다양합니다. 한국 사람의 대다수는 진한 갈색을 띠고 있지만 약간 더 황금색으로 빛나는 사람도 있습니다.

만약 파란빛이 나는 콘택트렌즈를 착용하면 온 세상이 파랗게 보일까요? 셀로판지를 눈 앞에 대면 세상이 온통 셀로판지 색으로 보이듯이 말이에요. 하지만 그런 일은 없습니다. 콘택트렌즈의 구조를 보면 빛이 통과하는 동공 부분에는 색이 없습니다. 눈동자의 색을 결정하는 홍채에만 색이 입혀져 있어요. 따라서 색깔 렌즈를 착용해도 세상의 색이 달라 보이지 않을 것입니다.

빛의 양을 조절하는 홍채

홍채는 눈의 색깔을 결정하는 것 외에도 빛의 양을 조절하는 더욱 중요한 역할도 담당합니다. 빛은 동공으로만 들어가지요. 동공은 아주 환한 곳에서는 굳이 빛을 많이 통과시킬 필요가 없기 때문에 작아집니다. 반대로 어두운 곳에 들어가면 주변이 어둡기 때문에 빛을 많이 빨아들이기 위해 동공이 최대한 커집니다. 이렇게 동공이 크기를 조절하는 데에 홍채가 큰 역할을 합니다. 동공은 근육이 없기 때문에 스스로 크기를 조절할 수 없습니다. 그래서 동공 대신 홍채가 자기 근육을 늘였다 줄였다를 반복하면서 동공의 크기를 조절해 줍니다. 눈이 카메라의 조리개처럼 빛의 양을 스스로 조절한다는 뜻입니다.

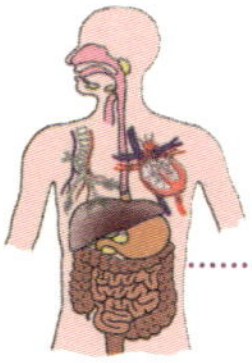

눈 속에 렌즈가 있어요

두꺼워졌다 얇아졌다 하는 수정체

우리가 먼 곳을 볼 수 있는 이유는 수정체 덕분입니다. 수정체는 먼 곳을 볼 때 평상시보다 얇아져요. 수정체에 붙어 있는 근육인 섬모체가 수정체를 잡아당겨 얇게 만들어 주지요. 수정체가 얇아지면 빛이 통과할 수 있는 거리가 짧아져 멀리 있는 사물도 망막에 정확히 맺힙니다. 반대로 아주 가

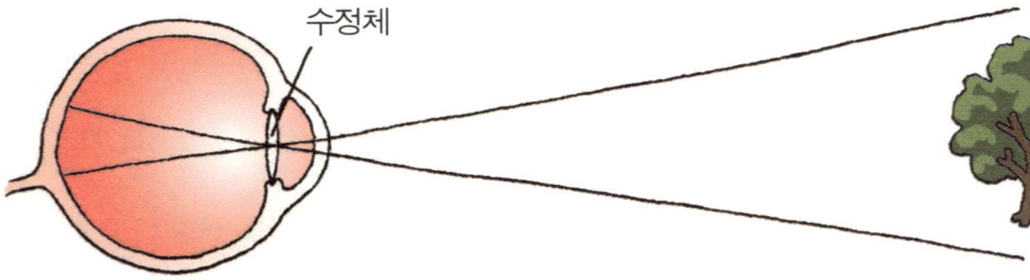
수정체

먼 곳을 볼 때에는 수정체가 얇아진다.

이렇게 가까이
볼 때는 수정체가
두꺼워진다
이거지.

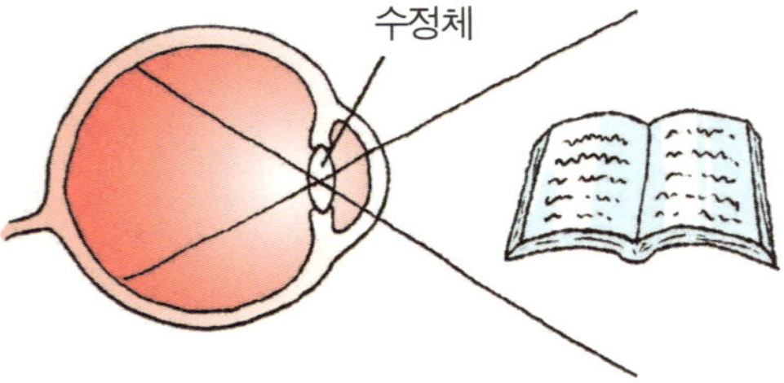
수정체

가까운 곳을 볼 때에는 수정체가 두꺼워진다.

근시는 가까이 있는 것은 잘 보이지만 멀리 있는 것은 잘 보이지 않는 증상이다.

까운 곳을 볼 때에는 상이 망막 뒤에 맺히지 않도록 수정체를 두껍게 만들어 줍니다. 빛이 통과하는 길이를 길게 하기 위해서이지요.

만약 섬모체가 수정체를 조절해 주지 못한다면 어떻게 될까요? 먼 곳을 잘 보지 못하는 근시, 가까운 곳을 잘 보지 못하는 원시 증상이 나타납니다.

근시의 원인

근시는 가까운 것이 잘 보이는 시력을 뜻합니다. 이 말은 곧 멀리 있는 것은 잘 보이지 않는다는 뜻이기도 합니다. 만약 태어날 때부터 멀리 있는 것이 잘 보이지 않았다면 안구의 길이가 다른 사람보다 길거나, 수정체가 너무 두껍기 때문입니다. 그런 사람들은 섬모체가 수정체를 아무리 얇게 해도 망막까지 빛이 가기에 조금 먼 거리가 됩니다. 자연히 망막에 상이 맺히

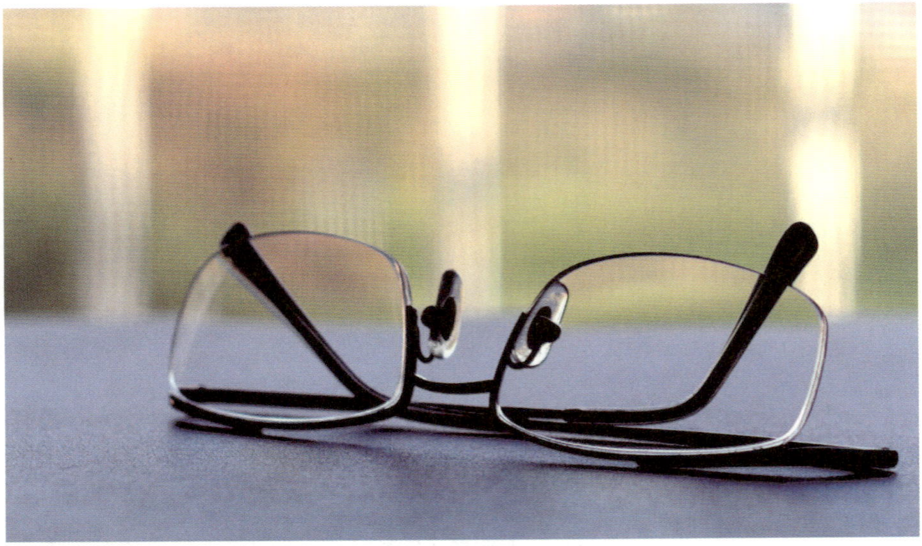

안경은 빛을 모으거나 퍼뜨려서 망막에 상이 제대로 맺히게 도와준다.

기 어렵겠지요. 태어날 때부터가 아니라 성장기에 눈이 나빠졌다면 섬모체에 문제가 생겼기 때문입니다. 우리 몸이 갑자기 성장하게 되면 섬모체도 근육이기 때문에 쉽게 늘어날 수 있습니다.

이 두 경우 모두 안경으로 눈을 조절해야 제대로 볼 수 있습니다. 근시는 빛이 망막까지 가지 못하므로 최대한 빛을 퍼뜨려 주기 위해서 오목렌즈로 된 안경을 착용하지요. 혹시 주위에 안경 낀 친구가 있다면 책에 거리를 두고 그 안경으로 글자를 한번 보세요. 글자가 작게 보인다면 그 친구의 시력은 근시입니다.

원시의 원인

멀리 있는 것은 잘 보이는데 가까이 있는 것이 잘 보이지 않는 사람의 시력은 원시입니다. 태어날 때부터 가까이 있는 것이 잘 보이지 않는 사람이

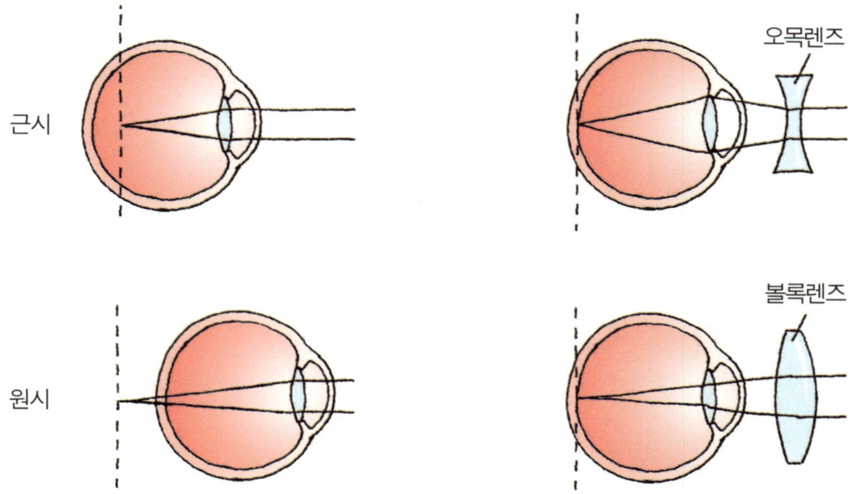

근시는 오목렌즈로 빛을 퍼뜨려 망막에 상이 맺히게 하고, 원시는 볼록렌즈로 빛을 모아 망막에 상이 맺히게 하는 방식으로 교정한다.

라면 근시와 반대로 안구 거리가 너무 좁아 망막 뒤에 상이 맺히는 것입니다. 이런 사람은 최대한 빛을 앞쪽으로 모아 망막에 상이 맺히게 해야 하므로 빛을 모으는 볼록렌즈로 눈을 교정합니다.

볼록렌즈로 된 안경을 낀 사람을 보면 실제보다 눈이 상당히 커 보입니다. 우리가 돋보기를 눈에 대고 거울을 보면 눈이 굉장히 커 보이듯이 말이에요. 이러한 볼록렌즈는 주로 할아버지 할머니가 써요.

나이가 들면 전부 원시가 될까요? 아닙니다. 노인의 경우엔 돋보기를 쓴다 해도 원시가 아니라 노안이라고 합니다. 원시와 노안은 볼록렌즈로 교정하는 방법은 같아도 만들어지는 원인은 다릅니다. 노안은 수정체가 낡아서 나타나는 증상이거든요. 가까이 있는 물체를 볼 때 수정체를 두껍게 하는 능력을 잃어버린 것입니다.

노안

나이가 들수록 가까이에 있는 물체에 초점을 맞추는 능력이 떨어지는 상태, 혹은 그런 눈을 말합니다.

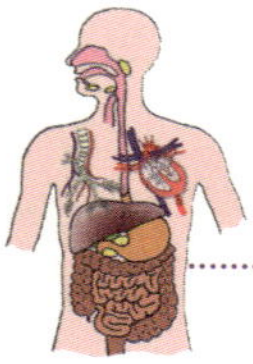

망막과 시세포

카메라는 눈의 원리를 이용해 만들어진 도구이기 때문에 사물을 담아내는 원리가 눈과 같습니다. 그중 필름과 망막이 같은 역할을 합니다.

망막에는 시세포가 있습니다. 시세포란 빛을 감지해서 뇌까지 전달하기 위해 꼭 필요합니다. 이 시세포가 색과 명암을 구분해 신경을 따라 뇌로 전달합니다. 시세포는 색을 구별하는 원추세포와 밝음과 어두움을 구분하는 간상세포로 나뉘어 있습니다.

원추세포는 아주 밝을 때 제 역할을 할 수 있습니다. 충분한 빛이 있다면 원추세포는 여러 가지 색깔도 구분할 수 있어요. 만약 원추세포가 손상되면 완전히 맹인이 되어 버립니다. 그에 반해 간상세포는 약한 빛에서도 자극을 받습니다. 우리는 깜깜한 곳이라 해도 웬만해서는 물체의 그림자나 위치 정도는 파악할 수 있습니다. 예를 들면, 컴컴한 밤에 어떤 사람이 반대편에서 다가오면 누구인지 정확히는 파악할 수 없어도 사람이 지나간다는 사실 정도는 알 수 있습니다. 간상세포가 있기 때문이에요. 만약 간상세포가 손상되면 야맹증에 걸립니다.

황반

망막의 가운데 부분에 있는 누르스름한 반점을 말합니다. 지름 3㎜ 정도의 타원형으로 빛깔을 분간하는 힘과 시력이 가장 뛰어난 부분입니다.

시세포는 망막 위에 골고루 분포되어 있지 않고 어느 한쪽에 몰려 있습니다. 이렇게 시세포가 몰린

곳을 황반이라고 합니다. 황반에 상이 맺히면 아주 잘 보입니다. 황반과 달리 시세포가 전혀 없는 곳이 있습니다. 바로 맹점이에요. 맹점에는 빛이 많이 도달해도 시세포가 없으므로 상이 맺히지 않습니다. 맹점은 망막의 중심에서 코 쪽으로 약 15° 밑에 있습니다. 평소에는 이런 맹점을 잘 느끼지 못하고 생활합니다. 우리 눈이 두 개이기 때문이에요. 두 눈으로 볼 때에는 한쪽 눈이 다른 쪽 눈의 맹점을 본답니다.

맹점

시각신경을 이루는 신경섬유들이 망막에서 모이는 한 곳으로서 붉거나 흰 원반처럼 보입니다. 이 부분에는 시각세포가 없기 때문에 빛에 반응하지 않습니다.

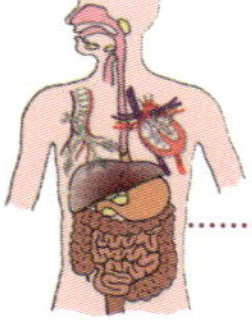

귀의 다양한 역할

세상에는 많은 종류의 소리가 있습니다. 딩동딩동 하며 점심시간을 알려주는 종소리, 몸을 들썩들썩하게 만드는 음악 소리, 길거리 사람들의 말소리, 자동차 소리 등 하나하나 헤아리기 힘들 정도예요. 이 중 여러분의 귀에 가장 반가운 소리는 무엇인가요? 소리 중에는 귀에 듣기 좋은 소리도 있지만 소음으로 들리는 소리도 있습니다. 이 모든 소리는 어떻게 우리 몸에 들어올까요?

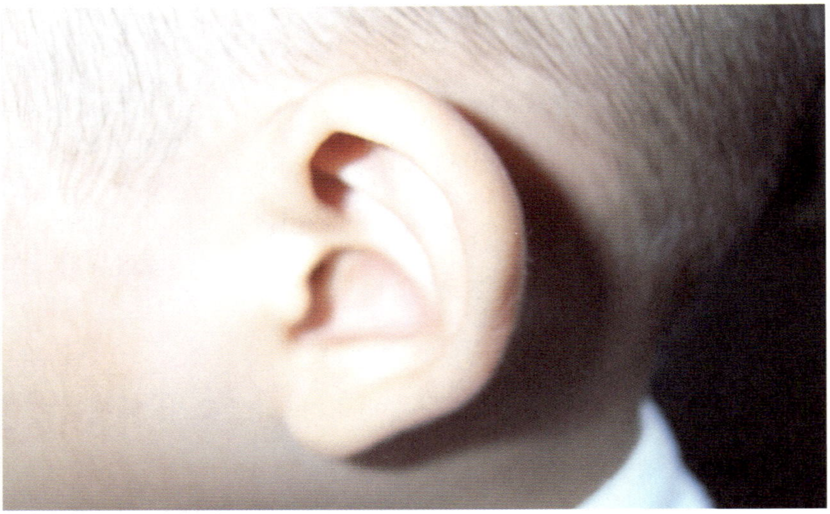

귓바퀴는 소리를 모은다. ⓒ Shizhao@the Wikimedia Commons

■ 귀의 구조

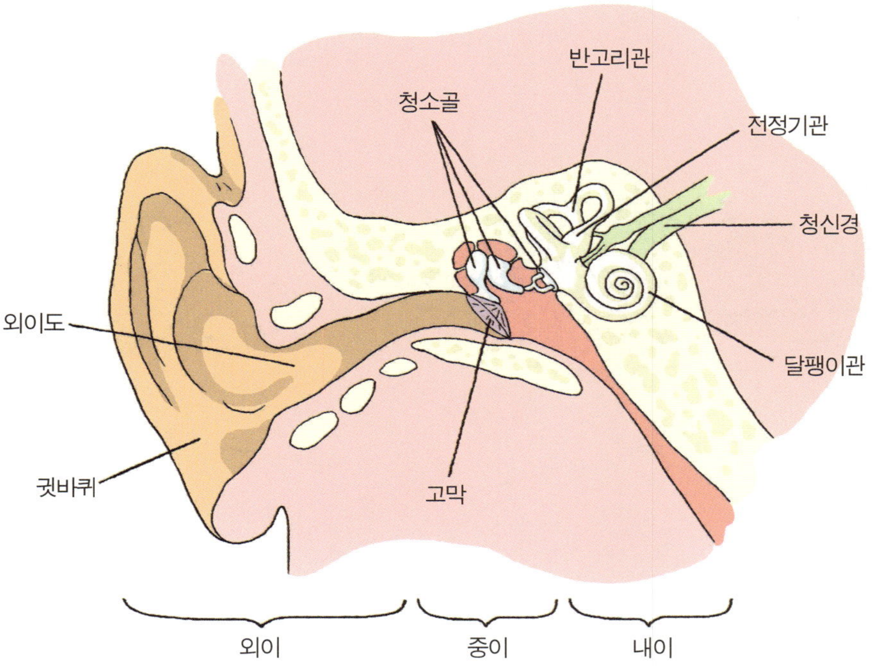

소리가 들려오는 과정

귀를 볼 때 가장 먼저 눈에 들어오는 부분은 귓바퀴입니다. 귓바퀴는 왜 필요할까요? 예쁜 귀걸이를 달기 위해서일까요? 아닙니다. 귓바퀴는 소리를 모으기 위해서 있습니다. 만약 귓바퀴가 없다면 소리가 모아지지 않고 퍼져 나가 귀에 잘 들어올 수 없습니다.

귓바퀴에서 소리를 모으면 외이도를 따라 소리는 안으로 더 들어갑니다. 안쪽으로 들어가던 소리는 얇은 막을 만납니다. 바로 고막이지요. 고막은 외이도를 따라 들어온 소리를 진동시키는 역할을 합니다. 진동판인 셈입니다. 이렇게 진동한 고막 옆에는 세 개의 작은 뼈가 붙어 있습니다.

■ 소리가 뇌에 전달되는 과정

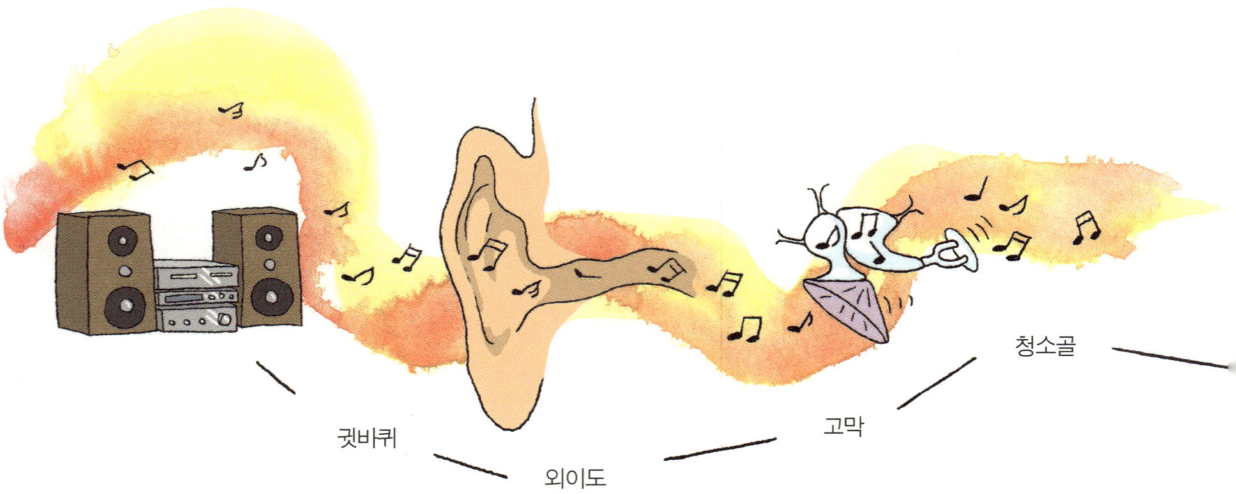

모루뼈, 등자뼈, 망치뼈입니다. 이 뼈들을 한데 모아 청소골(귓속뼈)이라고 부릅니다. 청소골이 고막에서 진동한 소리의 크기를 조절합니다.

청소골까지 들어간 소리는 달팽이관으로 열심히 달려갑니다. 망막에 시각신경의 세포가 있듯이 달팽이관에는 소리를 감지하는 청세포가 있습니다. 이 청세포가 소리를 감지하면, 전기적 신호가 청신경을 통해 뇌로 전달됩니다. 학교에서 청력검사를 받아 본 적 있나요? 소리굽쇠를 진동시켜 한 쪽 귀에 갖다 대면 소리 나는 쪽의 손을 번쩍 들게 하지요. 그런데 만약 청세포에 이상이 있다면 이 소리굽쇠의 진동을 들을 수가 없습니다.

청세포

달팽이관에서 림프액의 진동을 전기적 신호로 바꾸어 청신경으로 전달하는 감각세포입니다. 전기적 신호가 청신경을 통해 뇌로 전달됩니다.

몸의 균형을 잡아 주는 귀

귀는 듣는 일뿐 아니라 몸의 균형을 잡는 역할도

합니다. 귀는 크게 외이·중이·내이로 나뉘는데, 가장 안쪽에 자리 잡은 내이에는 달팽이관 외에 전정기관과 반고리관도 있습니다. 전정기관이 몸의 균형을 잡아 줍니다.

어떻게 귓속의 기관들이 어떻게 몸의 균형을 잡아 줄까요? 일단 전정기관에는 이석이라는 석회석이 달라붙어 있습니다. 머리를 돌리거나 몸을 움직이면 이석이 기울고, 그 무게로 감각 털이 움직이면서 몸이 기울어졌다는 사실을 느끼게 됩니다.

전정기관 위에는 세 개의 동그란 고리가 있는데, 그것이 반고리관입니다. 이 반고리관은 회전 감각을 느끼게 합니다. 작은 생수병에 물을 반쯤 넣고 빠르게 돌리다가 멈춰 보세요. 돌리기를 멈췄는데도 물은 계속 돌아가지요? 귓속에서도 같은 현상이 일어납니다. 반고리관 속에 있는 림프액이 생수병의 물처럼 빙글빙글 돌다 몸이 정지해도 계속 돌아가기 때문에 우리는

림프액

고등동물의 조직 사이를 채우는 무색의 액체입니다. 혈관과 조직을 연결하며, 면역 항체를 운반하고, 장에서는 지방을 흡수하고 운반합니다. 간단히 림프라고도 부릅니다.

회전한다는 감각을 느낄 수 있습니다. 코끼리 코를 잡고 몇 바퀴 돌다가 멈춰도 계속 어지러운 이유가 반고리관의 림프액 때문이었던 거예요.

멍한 느낌을 받는 귀

높은 산에 올라가면 귀가 멍해질 때가 있지요? 엘리베이터를 타고 올라갈 때에도 귀가 멍해지곤 해요. 이런 멍한 느낌을 유스타키오관이 받습니다.

우리 몸 안에는 압력이 있습니다. 몸 밖의 공기도 항상 우리 몸을 누르고 있습니다. 평소에 이 공기의 압력을 잘 느끼지 못하는 이유는 바깥 공기가 우리 몸을 누르는 힘만큼 몸속에서도 같은 힘으로 밖을 향해 누르기 때문입니다. 그것을 감지하는 것이 유스타키오관입니다. 유스타키오관은 중이 안쪽과 바깥쪽의 압력이 같도록 조절하는 역할을 하면서 압력이 달라질 때마다 신호를 보내 준답니다.

높은 산에 오를 때, 엘리베이터를 타고 올라갈 때, 이륙하거나 착륙하는 비행기 안에 있을 때 귀가 멍해지는 이유는 몸 안과 몸 밖의 압력의 차이가 심하기 때문입니다. 이럴 경우엔 침을 삼키거나 하품을 해 보세요. 그러면 유스타키오관이 열리면서 귀가 멍해지는 증상이 줄어듭니다.

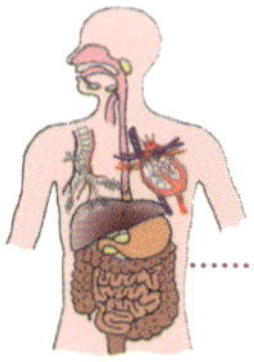

혓바닥의 정체

맛을 느끼는 미뢰

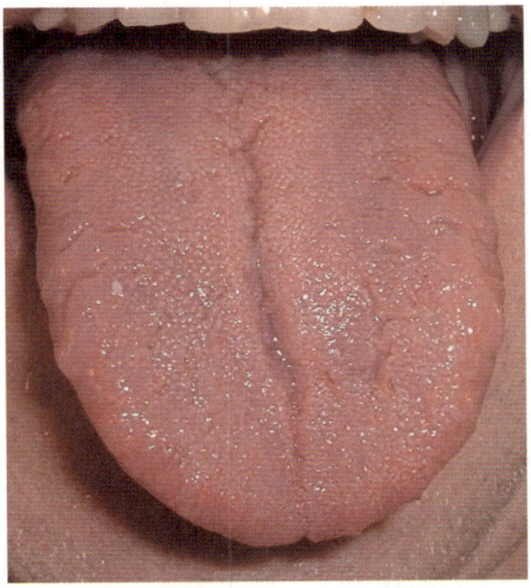

혓바닥에는 맛을 느끼는 유두라는 알갱이가 분포되어 있다.

혓바닥을 자세히 관찰해 본 적이 있나요? 언뜻 생각하면 혓바닥은 매끈할 것 같지요. 하지만 자세히 들여다보면 좁쌀을 뿌려 놓은 듯한 하얀 알갱이가 혓바닥 전체에 분포되어 있습니다. 이 하얀 알갱이의 정체는 무엇일까요?

알갱이는 유두라고 부르는 곳입니다. 맛을 느끼는 곳이지요. 유두를 확대해 보면 미뢰(맛봉오리)가 유두의 양옆에 있습니다. 이 미뢰에 맛을 느끼는 감각세포인 미세포가 있습니다. 이곳에서 맛을 느껴 뇌에 명령을 보내 줍니다.

단맛·쓴맛·짠맛·신맛

오렌지 맛, 레몬 맛은 혀가 느낄 수 없습니다. 우리의 혀는 네 가지 맛밖에 느끼지 못하기 때문입니다. 그 네 가지 맛이란 단맛, 쓴맛, 짠맛, 신맛

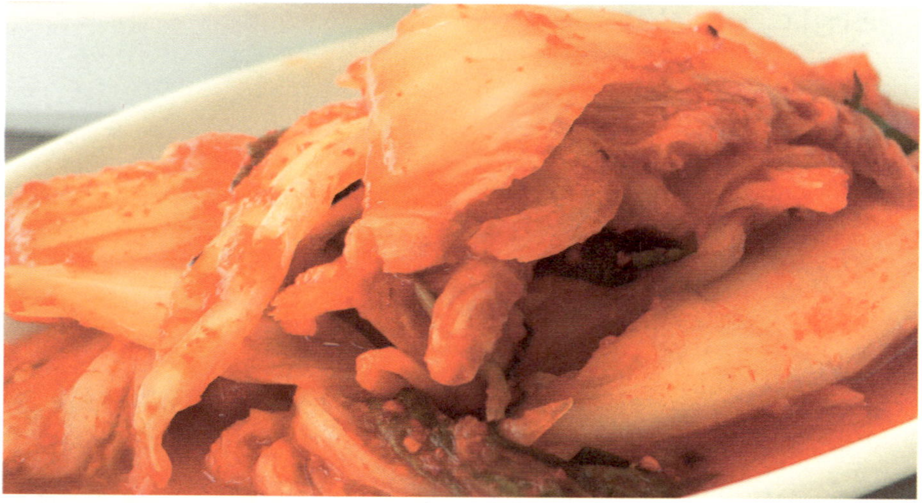
김치를 먹을 때 느껴지는 매운맛은 맛이 아니라 아픔이다. ⓒ Nagyman@the Wikimedia Commons

입니다. 그렇다면 나머지 맛은 어떻게 느낄까요? 여러분이 먹는 과자에서 느껴지는 여러 가지 과일 맛은 주로 냄새에 의한 자극입니다. 과일 맛 과자를 먹을 때 과자 봉지에 표시되어 있는 성분을 자세히 살펴보세요. 과자 성분 중에는 향신료가 포함되어 있을 거예요. 과일 맛 나는 과자라면 대부분 향을 넣어 그 과일의 냄새가 나게 하고, 색소를 넣어 그 과일의 색을 내는 방법으로 과자를 만듭니다.

매운맛, 떫은맛의 정체

김치에는 색소도 없고 향신료도 없는데 어떻게 매운맛이 날까요? 사실 매운맛은 맛이 아니라 아픔입니다. 피부로 느껴지는 고통이에요. 다른 말로 통각이라고 합니다. 그렇다면 떫은맛은 어떻게 느껴질까요? 덜 익은 과일을 먹으면 떫게 느껴지잖아요. 이 떫은맛은 맛이 아니라 피부가 눌렸을 때 생기는 감각으로서, 압각이라고 합니다.

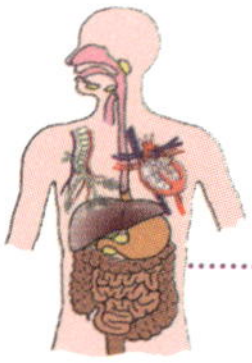

맛을 느끼는 코와 예민한 피부

맛을 느끼는 코

감기에 걸리면 입맛이 없지요? 무엇을 먹어도 맛이 굉장히 쓰고 평소 좋아하던 음식도 별로 먹고 싶지가 않아요. 왜 감기에 걸리면 입맛이 없어질까요? 그 이유는 간단합니다. 맛은 혀 외에 코로도 느끼기 때문이에요. 감기에 걸리면 코의 기능이 떨어져서 평상시보다 냄새를 훨씬 덜 맡게 됩니다.

코는 혀와 함께 맛을 느끼는 감각기관이다.

우리의 여러 가지 감각기관 중 코가 가장 예민합니다. 코는 아주 작은 자극에도 반응합니다. 방에서 초콜릿 하나만 먹어도 밖에서 들어온 사람은 금방 초콜릿 냄새를 알아차리지요. 그런데 정작 방에서 초콜릿을 먹은 사람은 그 냄새를 모르는 경우가 많습니다. 초콜릿을 먹는 사이 코가 무디어졌기 때문입니다. 코는 감각기관 중에 가장 예민하게 반응하지만 금방 피곤해지는 특징이 있거든요.

예민한 피부

"나는 피부가 너무 예민해서 털옷을 입으면 가려워."라고 말하는 사람이 있어요. 물론 피부도 예민하지만 모든 피부감각이 예민하지는 않습니다.

피부에서 느끼는 감각은 통각, 압각, 냉각, 온각이 있습니다. 진피 속에 각각의 감각점들이 있습니다. 통증을 느끼는 감각점을 통점, 압력을 느끼는 감각점을 압점, 차가움을 느끼는 감각점을 냉점, 뜨거움을 느끼는 감각점을 온점이라고 합니다.

피부에서 느낄 수 있는 감각 중에 가장 예민하게 받아들이는 감각이 바로 통각입니다. 통각이 피부감각을 받아들일 수 있는 감각점의 개수가 가장 많기 때문입니다. 감각점의 개수는, 통점이 100~200개, 압점은 100개, 냉점은 6~23개, 온점은 0~3개 정도입니다. 감각점의 개수가 가장 많은 통점이 제일 예민할 수밖에 없겠지요.

피부에서 느끼는 온점과 냉점은 따뜻하고 차가운 정도를 상대적으로 느끼는 것입니다. 상온 40℃의 물에 손을 넣었다가 상온 20℃의 물에 손을 넣으면

감각점

피부에 흩어져 있으면서 압력이나 온도를 느끼는 자리입니다. 감각점에는 아픔을 느끼는 통점, 압력을 느끼는 압점, 차가운 온도를 느끼는 냉점, 뜨거운 온도를 느끼는 온점이 있습니다.

■ 피부의 구조와 각각의 감각점

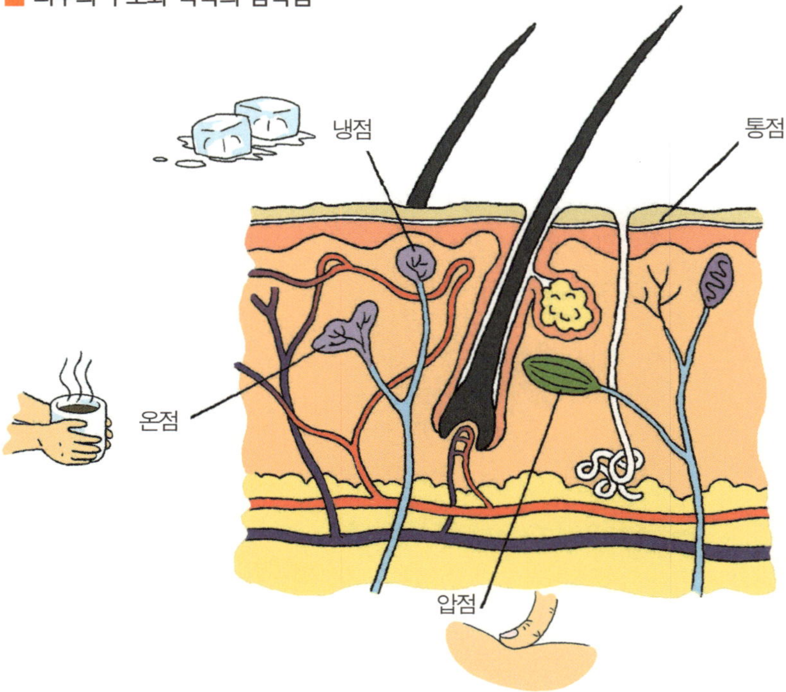

아마 물이 미지근하게 느껴질 거예요. 반대로 얼음물에 손을 넣었다가 상온 20℃의 물에 손을 넣으면, 약간 따뜻하게 느껴질 수 있어요. 이렇게 같은 상온 20℃인데도 따뜻하다, 미지근하다를 느끼는 것은 자극에 반응하는 감각점이 다르기 때문입니다.

Q&A 꼭 알고 넘어가자!

문제 1 우리 눈의 각막과 수정체 사이에 있는 홍채는 어떤 역할을 하나요?

문제 2 우리가 멀리 있는 사물을 볼 수 있는 이유는 수정체 때문이에요. 가깝고 먼 거리를 볼 때 수정체는 어떻게 변하나요?

3. 귓바퀴에서 소리를 모으면 외이도를 따라 소리가 안으로 더 들어갑니다. 안쪽으로 들어간 소리는 고막에 의해 진동됩니다. 진동한 고막 옆에는 청소골이 있는데, 이 청소골은 소리의 크기를 조절합니다. 청소골까지 들어간 소리는 달팽이관으로 들어갑니다. 달팽이관에 있는 청세포가 소리를 감지하면 청신경을 통해 뇌로 소리가 전달됩니다(소리의 전달 순서 : 귓바퀴→외이도→고막→청소골→달팽이관→청신경→뇌).

4. 오렌지 맛, 레몬 맛 같은 과일 맛은 냄새를 통해 느껴집니다. 맛은 혀뿐 아니라 냄새를 통해서도 느껴지기 때문입니다. 매운맛은 맛이 아니라 아픔입니다. 다른 말로 통각이라고 합니다. 떫은맛은 압각입니다. 압각이란 피부가 눌렸을 때 생기는 감각을 말합니다.

문제 3 소리가 뇌에 전달되는 과정을 설명해 보세요.

문제 4 혀는 단맛, 쓴맛, 짠맛, 신맛 이 네 가지 맛밖에 느끼지 못합니다. 그렇다면 어떻게 과일 맛과 떫은맛, 매운맛을 느낄 수 있나요?

정답

1. 사람마다, 인종마다 눈동자 색이 달라 보이는 것은 홍채 때문입니다. 동공을 둘러싼 홍채의 색깔이 눈동자 색을 결정합니다. 또한 홍채는 동공으로 들어오는 빛의 양을 조절합니다. 동공은 근육이 없기 때문에 홍채가 자기 근육을 늘였다 줄였다를 반복하며 어두운 곳에서는 동공이 커지도록, 밝은 곳에서는 동공이 작아지도록 합니다.

2. 먼 곳을 볼 때 수정체는 평상시보다 얇아집니다. 수정체에 붙어 있는 근육인 섬모체가 수정체를 잡아당겨 얇게 해 주지요. 얇아진 수정체 덕분에 빛이 통과할 수 있는 거리가 짧아져 멀리 있는 사물도 망막에 정확히 맺힙니다. 반대로 아주 가까운 곳을 볼 때에는 상이 망막 뒤에 맺히지 않도록 수정체를 두껍게 만들어 줍니다. 빛이 통과하는 길이를 길게 하기 위해서입니다.